JN301647

描画テスト

高橋依子 著

PERSON
HOUSE
TREE

北大路書房

まえがき

Preface

　心理臨床場面では対象者と心理臨床家の2者間のコミュニケーションが何よりも必要であり，これはおもに言葉を媒介にして行われている。しかし言葉以外にも2人の間を媒介するさまざまなメディアが存在し，時には言葉以外の方法によって2人のコミュニケーションが深まり，対象者をよりよく理解できる場合がある。このさまざまなメディアの1つに，絵を媒介にする方法があり，言葉で適切に表現できない心の動きを，意識的・無意識的に絵によって相手に伝えられることがある。このことから心理臨床家は，絵によって対象者のパーソナリティを理解したり，パーソナリティが変化するように援助したりすることがある。

　本書は，このような絵の機能の中でも，心理査定においてパーソナリティを理解する側面に重点をおく描画テストについて解説したものである。描画テストには，さまざまな方法が存在するが，本書は「家」「木」「人」「反対の性の人」という4つの課題を描くHTPPテストについて解説することにした。バック（Buck, 1948）が考案したH–T–P法は，「家」「木」「人」の3つの課題を描かせる方法であったが，高橋雅春はこれに「反対の性の人」を加えて4つの課題にし，当初はHTPテストと呼び，心理臨床場面で用いていた。そして小学生237名，中学生232名，高校生326名，少年鑑別所入所少年173名（初入90名，再入83名）の資料と204の文献をもとに『描画テスト診断法―HTPテスト―』（1967年）を発刊した。しかし出版社がこの紙型を紛失したので，高橋は筆者の収集した資料も合わせて2,027名の描画をもとに，『描画テスト入門―HTPテスト―』（1974年）を公刊した。その後も筆者らは描画テストの研究を進め，『樹木画テスト』（1986年），『人物画テスト』（1991年）などを発刊した。『描画テスト入門―HTPテスト―』は初学者に便利な書物として受け入れられてきたが，長い年月が経っており，今回，新たに収集した資

i

料をもとに，どのような描画テストの解釈にも必要な分析法について，筆者が新たな解説書を執筆するに至った。構成は高橋（1974）を参考にし，一部希少な描画は引用した。

　本書は描画テストを始める臨床家にとって必要な事柄を簡明に網羅したものであり，描画の資料はおもに成人のものである。したがって，描画テスト全般にわたる解説書ではあるが，例として，4つの課題を扱うHTPPテストを取り上げることにした。本書は筆者が現在行っているHTPPテストの実施法に基づくものであり，現在のバックのH–T–P法のように，クレヨンによる方法を付加していない。さらに，バックは描画後に一定の質問（PDI: Post Drawing Interrogation）を行っているが，筆者自身の臨床経験から，一定の質問をするよりも，描画を中心に話しあうことが臨床場面では有効であると考え，これを描画後の対話（PDD: Post Drawing Dialogue）に変えている。本書がHTPPテストだけでなく，描画テストを心理臨床や教育の場で用いようとする方に，少しでも役立てば幸いである。

　なお，本書の出版にあたっては，北大路書房の柏原隆宏氏に大変お世話になったことに感謝したい。

2011年4月

高橋依子

目 次
Contents

まえがき　*i*

第1章　描画テストとは ………………………………………………… *1*
　1．自由画から課題画へ　*1*
　2．課題画とH-T-P法　*2*
　3．HTPPテスト　*5*
　　(1) HTPPテストの実施
　　(2) 描画後の対話
　4．描画テスト解釈の根拠　*13*
　　(1) 描画の発達
　　(2) 空間象徴
　　(3) 図示的コミュニケーション
　5．HTPPテストの解釈　*20*
　　(1) 全体的評価
　　(2) 形式分析と内容分析
　　(3) 描画像の図式

第2章　形式分析 ………………………………………………………… *25*
　1．テスト時の行動と所要時間　*25*
　2．順序　*26*
　3．サイズ(大きさ)　*26*
　4．位置　*27*
　5．用紙の縁での切断　*30*
　6．ライン　*31*

7．筆圧　*31*

　　8．陰影と影　*32*

　　9．抹消　*33*

　　10．対称性　*33*

　　11．透明性　*34*

　　12．パースペクティブ　*35*

　　13．方向　*36*

　　14．運動　*37*

　　15．描画像の基線　*37*

　　16．詳細さと省略や歪曲　*38*

第3章　家屋画 ································*39*

　　1．主題　*42*

　　2．屋根　*44*

　　3．壁　*45*

　　4．扉（出入り口）　*49*

　　5．窓　*51*

　　6．煙突と煙　*54*

　　7．塀と溝　*56*

　　8．雨どいとひさし　*58*

　　9．茂み，木，花　*60*

　　10．道，敷石，山　*60*

　　11．部屋　*61*

　　12．その他の付属物　*62*

第4章　樹木画 ································*63*

　　1．主題，とくに枯れ木と切り株　*64*

　　　（1）常緑樹と枯れ木

　　　（2）切り株とひこばえ

　　2．幹　*68*

　　　（1）幹の形態

　　　（2）幹の傾斜

　　　（3）分離した幹

　　3．樹皮　*73*

4．幹の傷跡・節穴・うろ　　74

　5．樹冠　　77

　6．根　　79

　7．地面の線　　81

　8．枝　　82

　9．葉，花，実が描かれた木　　84

　10．太陽，月，風などの自然との関係　　85

　11．特殊な木　　85

　12．その他　　86

第5章　**人物画**　……………………………………………………87

　1．最初に描く人物の性　　89

　2．人物画のサイズ　　89

　3．漫画的な人物と抽象的な人物　　90

　4．性差の表現　　90

　5．主題　　94

　6．顔　　97

　7．目とまつげ　　99

　8．まゆげ　　101

　9．鼻　　102

　10．口と唇　　103

　11．歯と舌　　103

　12．耳　　104

　13．毛髪　　104

　14．あご　　104

　15．首　　105

　16．のどぼとけ　　105

　17．腕　　105

　18．手　　106

　19．指　　107

　20．脚（足）　　108

　21．関節（膝と肘）　　109

　22．足の指　　109

　23．胴　　109

24. 肩　*110*

25. 乳房　*111*

26. 腰　*112*

27. 尻　*112*

28. 衣服　*113*

　（1）ボタン

　（2）ポケット

　（3）ネクタイ

　（4）靴

　（5）ズボンとスカート

　（6）所持品とアクセサリー

第6章　事例　…………………………………………………………………… *117*

1．事例A　*120*

　（1）全体的評価

　（2）家屋画

　（3）樹木画

　（4）人物画（男性像）

　（5）人物画（女性像）

　（6）まとめ

2．事例B　*124*

　（1）全体的評価

　（2）家屋画

　（3）樹木画

　（4）人物画（女性像）

　（5）人物画（男性像）

　（6）まとめ

3．事例C　*130*

　（1）全体的評価

　（2）家屋画

　（3）樹木画

　（4）人物画（男性像）

　（5）人物画（女性像）

　（6）まとめ

4．事例D　*134*
　(1) 全体的評価
　(2) 家屋画
　(3) 樹木画
　(4) 人物画（女性像）
　(5) 人物画（男性像）
　(6) まとめ

文献　*139*
索引　*143*

第1章 描画テストとは

Drawing Test

1. 自由画から課題画へ

　心理臨床の場における心理査定とは、クライエントへの援助の仕方、将来の行動予測、援助の効果などを知るために、クライエントがどのようなパーソナリティの人で、どのような心理状態にあるのかを明らかにすることである。通常、心理査定はクライエントとの面接を中心にして、行動観察、生活記録などからの情報を統合して行われるが、心理臨床家の職能の1つとして期待される心理テストは心理査定の重要な情報源となる。

　心理テストは一定の刺激への反応によって、クライエントを理解する体系的な方法である。心理査定において心理テストが他の情報源と異なるのは、信頼性と妥当性をもち標準化され、実施法と結果の解釈法が規定されている点である。心理テストを用いる心理臨床家は、基準となる資料に基づいて対象者の反応を他の人々と比較し、その人独特のパーソナリティ特徴を明らかにするなど、さまざまな情報を比較的短時間に得ることができる。この心理テストは客観テスト（objective test）と投映法（projective technique）に分けられることが多く、前者の代表的なものに知能テストや質問紙法などがあり、後者に描画テスト、ロールシャッハ・テスト、TAT（絵画統覚検査）などがある。

　精神分析学によると、投影（projection）とは人が自分自身の是認できない欲求や感情を、他者に帰属させる機制である。しかし投映法でいう投映（projection）は、人が事象を認知する場合、無意識の欲求や興味など、その人の全

体的な心理体制が影響するという広い意味で用いられている。すなわち投映法とは，人があいまいな刺激に直面する時，自分の欲求・感情・興味・経験・態度などによって，その刺激を自分なりに構成して意味づけるという考えに基づいている。

われわれが絵を見て，それを描いた人の感情や欲求などを推察できるのは，描いた人の心の状態が，描かれた絵に投映されているからである。心理査定の場においてクライエントの描いた自由画が，クライエントのパーソナリティの理解に役立つことを経験した心理臨床家は多いであろう。さらに心理療法の過程において自由に絵を描くことが，クライエントの苦しい経験を脱感作したり，抑圧している感情を浄化したり，自己洞察を助けたりすることも多い。このように絵を描くことは，心理査定としても心理療法としても機能するが，本書では心理査定に重点をおくことにする。

かつて高橋（1974）は「教育や心理臨床の場において，なんらかの目的をもって，対象者に鉛筆やクレヨンなどを与え，紙上に何かを表現させる心理テストが描画テストである」と述べたが，自由画も広い意味では描画テストに含められる。しかし，描く課題，用紙，筆記具，教示などといった描画時の条件を規定しない自由画の理解は，どうかすると解釈者の直観や経験によって行われ，時には主観的・恣意的になり，描かれた自由画について，誰もが自分流の理解をする。そうなると，パーソナリティに関する同じような情報を得ることは難しくなり，他の人が描いた自由画との比較も容易ではない。したがって描画が心理テストと呼べるようにするためには，絵を描く条件を一定にし，描かれた描画を理解する解釈基準を統一することが望ましい。

2. 課題画と H-T-P 法

心理テストとしての描画テストは，何をどのように描かせるかという点から，さまざまに分類されている。例えば，ベンダー・ゲシュタルト・テストのように幾何学的図形を模写させる方法もあれば，ワルテッグ・テストのように未完成の刺激図形をもとにして何かを完成させる方法もある。しかし最も多く用いられる描画テストは，対象者に一定の課題を与え，それについて絵を描かせる

課題画テストである。

　同じ課題画テストでも，ハロア（Harrower, 1950）が「最も不快なもの」を描かせたように，抽象的な課題もあれば，児童の知能水準を捉えようとして，グッドイナフ（Goodenough, 1926）が「1人の男」（DAM: Draw-A-Man）を描かせた具体的な課題もある。さらに同じ具体的な課題としての人物でも，1枚の絵だけではなく，2枚以上の絵を描かせる方法もある。例えば，人物画テストにより，知能よりも感情や葛藤などのパーソナリティを理解しようとしたマッコーバー（Machover, 1949）は，自身の著書で最初に「人を1人」描かせ，次いで「描かれた人と異なる性の人」を描かせた（DAP: Draw-A-Personテスト）。また知的成熟度（知能水準）を知ろうとしたハリス（Harris, 1963）は，対象者に「男の人を描いてください」と教示し，それを描き終わると，次に「では今度は女の人を描いてください」と女性像を描くことを求め，最後に「あなた自身を描いてください」と3枚の人物画を描かせている。

　他方，バック（Buch, J. N.）は，口頭での質問に答えなかった9歳の少女が，素直に自由画を描き，描いた絵についていろいろと話したことから描画に関心を抱いた。そして対象者が描いた絵を，他の状態や以前に描いた絵と比較したり，他の人の絵と比較するために，1938年に自由画のかわりに家（House）・木（Tree）・人（Person）という具体的な課題を，別々の用紙に鉛筆で描かせた。これをJNB（John N. Buck）テストと呼んだ。彼がこの3つの課題を用いたのは，これらの課題は誰にも（幼児にさえも）親しみがあり，あらゆる年齢の人が描画の対象として喜んで描き，他の課題よりも率直で自由な言語表現をさせる契機として役立つからであった。その後H–T–P法と名づけられたこの方法は1948年にマニュアルが発表され（Buck, 1948），1966年に改訂されたマニュアルが公刊された（Buck, 1966）。バックはH–T–P法が，対象者の感受性，成熟度，可塑性，効率，パーソナリティの統合度，環境との相互作用を知るのに有効であると述べ，黒鉛筆で描いた後に，8色以上のクレヨンでも同じ課題を描かせる方法をとった。

　この色彩H–T–P法は，対象者の防衛を少なくし，パーソナリティのより深い側面を理解できるとしているハマー（Hammer, E.）は，MMPI（ミネソタ多面人格目録），TAT，ロールシャッハ・テストと，描画テストとして無彩色H

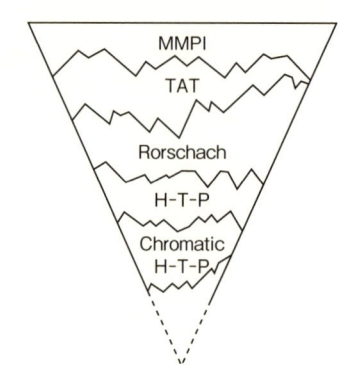

●図1-1　ハマーの図式（Hammer, 1969）

–T–Pと色彩H–T–Pの関係を図で示している（図1-1）。そして投映法の中でも描画テストがパーソナリティの深層を示し，現在のところ色彩H–T–Pが最も深層の部分を表出していると述べている（Hammer, 1969）。なお，図1-1の各テストを分けるラインが直線でないのは，同じ心理テストを用いても，検査者や対象者によって得られる情報の水準が異なることを表し，また下方の破線の部分は今後作成されるかもしれない心理テストの可能性を表している。

　ところで心理査定の場で，質問紙法と投映法をテスト・バッテリーとして用いる心理臨床家は，質問紙法によって自己認知された対象者の自己像を知り，対象者が言語化できていない心の内面を理解するために投映法を用いることが多い。シュナイドマン（Schneidman, 1956）の図式（図1-2）はこの関係を示している。この図式には質問紙法と，投映法であるTATとロールシャッハ・テストがあげられているが，なかでもロールシャッハ・テストは無意識の内面を深く表出し得るものであると述べられている。しかし，ある心理テストが期待される情報を提供できるかどうかは，特定の心理テストを実施する検査者の熟練度，心理テストが実施される状況，テスト場面での人間関係，時にはその心理テストへの対象者の相性などに左右されるため，特定の投映法によってハマーやシュナイドマンが示すようなパーソナリティの層が必ず表出するとは限らない。例えば，描画テストにより無意識の内面が表出されるとはいっても，常にそうではなく，本人が意識していて面接で話したり質問紙法で答えたこと

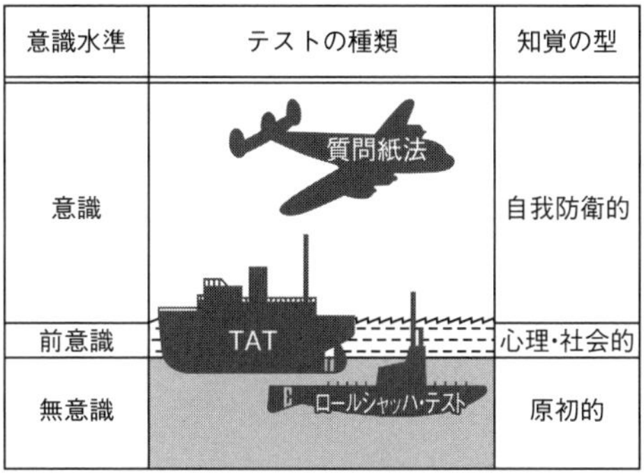

●図1-2　シュナイドマンの図式（Schneidman, 1956）

と同じ内容が表現されることもある。また，漠然と気づいていることが表現され，描いたのちに絵を眺めて話し合っている時に気づくこともある。さらに，その時に本人が全く気づいていない内面が表出されることもある。また個々の心理テストはパーソナリティ理解に有効な側面と適用の限界があるため，実際の心理臨床場面では，テスト・バッテリーとしていくつかの心理テストを組み合わせて用いることが必要である。

3. HTPPテスト

　本書で取り上げるHTPPテストは，バックのH–T–P法を参考にしてはいるが，同じ心理テストではない。すなわち課題として家・木・人に加え，最初に描かれた人と反対の性の人を描かせる点が異なっている。さらにバックの言う描画後の質問（PDI: Post Drawing Interrogation）のほとんどの項目を用いず，検査者が対象者に絵について質問するというよりも，描かれた絵について話しあうことに重点をおく。そのため筆者は描画後の質問（PDI）ではなく，描画後の対話（PDD: Post Drawing Diaglogue）と呼ぶことにしている。また後述するように，バックと異なり，成人の知能水準の測定に描画テストは用いず，既述のようにバックのH–T–P法は鉛筆とクレヨンを用いる2つの側面があるが，HTPPテストでは色彩による描画は行っていない。

　H–T–P法ではなくHTPPテストとして，4つの課題を描く方法により日本

人の資料を収集し，臨床場面で用いていた高橋（1967）は，当初，その方法をHTPテストと呼んでいたが，バックのH–T–P法と区別するために，HTPPテストと呼ぶようになった。なおアメリカではメイヤーら（Meyer et al., 1955）がH–T–P法の名前のままで，4枚の課題を描かせ，ワーク（Wolk, 1969）はこれをH–T–Ps法（もしくはH–T–P–P法）と呼んでいる。長年，HTPPテストを実施してきた筆者は，4枚の絵によって，パーソナリティの多くの側面が理解できると考えている。家屋画は，本人の対人関係などを表すこともあるが，どちらかというと，本人が，自分の育った家庭や家族関係をどのように眺めているかが表現されやすい。また，樹木画は，最も抵抗なく描けるので，パーソナリティの比較的深層にある部分を反映し，心理的外傷となる過去の経験や，本人が意識のうえでは認めたくない否定的な感情も表すことがあるといわれており，明確に意識されていない自己概念が表出されやすい。人物画では，自己像だけでなく，本人にさまざまな影響を与えている重要な人物の姿とその人に対する感情や，人間一般への認知，対人関係の持ち方などが表出され，なかでも同性像では，やや意識された自己像が，異性像では異性との関係なども表現される。このようにHTPPテストでは，4枚のそれぞれから理解しやすいパーソナリティの側面があり，総合して無意識の側面も含めたパーソナリティの全体が理解できるが，絵は多義的であり，それぞれの課題が一定の側面を表すものではないことにも留意しなければならない。

次に筆者が現在行っているHTPPテストの実施法を紹介する。HTPPテストは，①描画の実施，②描画後の対話，③描画の解釈という3つの過程からなっている。

（1）HTPPテストの実施
■ 用具

HTPPテストは個人法として実施するのが原則である。HTPPテストを行う用具としては，HBの鉛筆2〜3本，消しゴム，A4判の白ケント紙あるいは白い画用紙4枚（用紙の裏に姓名や年齢，実施日などの記入欄を設定する以外に，描いた順序がわかるように，あらかじめ1から4までの番号を記入しておく）を用い，定規その他の器具は使用させないので，机の上には置かない。

第 1 章　描画テストとは

対象者が使っていない鉛筆を利用して線を描こうとする場合は制止する。なお描画テストの開始から終了までの所要時間をそれほど厳密に測定する必要はないが，所要時間を計るために秒針つきの腕時計を用いることが望ましい。

かつて，わが国では B5 判が規格用紙として一般的に用いられていたため，HTPP テストの用紙も B5 判を使っていたが，その後，一般規格用紙が A4 判に移行したため，筆者も用紙を B5 判から A4 判に変えることにした。

心理臨床家の中には，手帳の切れ端にボールペンで書きなぐった絵からでも，豊かな情報を得られるという者もいるが，描画テストを心理テストという限り，テスト状況，用紙，筆記具の種類，教示，解釈の方法をできるだけ一定にすることが必要である。

■ 実施場所

HTPP テストを行う部屋は，他の心理テストを実施する時と同じように，採光のよい，明るく，静かな部屋を準備し，テスト中に他の人が出入りしないように配慮すべきである。さらに課題にも関係するので，木や家屋など窓の外の風景が対象者の視野に入らないように机や椅子を配置する必要がある。

■ ラポールの形成

心理テストの実施においては，検査者と対象者とのラポール（心のつながり）が欠かせない。描画テストにおいても，対象者が防衛的態度をとらずに描画に協力し，自発的に心の内面を表出し，何かを伝えたいという気持ちを抱くことが望ましく，検査者と対象者の信頼関係が大切である。このために検査者は対象者に積極的な関心と温かく受容的な態度をもって，テストの目的などを対象者が理解できるように伝えることは，他の心理テストと同じである。

したがって対象者が不安や緊張をやわらげて絵を描けるように，検査者は身近な話題による日常的な会話をするなどして，ラポールを形成しなければならない。次に検査者は，「対象者の性格や心の状態を知るため」，あるいは「主治医からの依頼があったため」など，心理テストを行う趣旨を説明する。

■ 教示と描画

対象者の緊張が解けると，絵を描く心構えとして，検査者は「今からあなたに絵を描いていただきます。これは絵の上手・下手を見るのではありませんから，気楽な気持ちで描いてください。しかし，いい加減に描かないで，できる

だけ丁寧に描いてください。写生ではなく，自分の思ったように描いてください」と説明する。たいていの人は1つの絵を描くのに10～20分ぐらいの時間をかける。子どもの多くは描画をいやがらないが，青年期以後の対象者の中には，描画を幼稚であると感じたり，描画の技量を知られたくないと思い，ためらったり，いいかげんに描くことがある。対象者が短時間にいいかげんに描いた絵であっても，それなりに対象者のパーソナリティの一面を示すものであり，描画テストに熟練した検査者であれば，描画の些細な特徴からパーソナリティを推察したり，望まない課題に対する行動の仕方を推察することができる。しかし，やはり十分な情報源とはならないため，できるだけ丁寧に描いてもらうことが大切である。

　さらに「ここに用意してある紙に鉛筆で描いていただきます。消しゴムを使ってもかまいません。時間の制限はありませんから，丁寧に描いてください。4枚の用紙に1つずつ，全部で4つの絵を描いていただきます」とつけ加える。

　そして対象者の前に，鉛筆と消しゴムと最初の用紙を横にして置き，「それでは，この紙に家を描いてください」と教示して描画を始めさせる。描画中の検査者は対象者を温かく見守り，さりげなく描画する時の態度や，絵の部分を描く順序を観察し，所要時間をおおまかに計っておく。対象者の中には観察されていると思うと緊張したり，いい加減に描いたりする者もいるので，行動を観察していることに気づかれないような配慮も大切である。

　家屋画を描き終えたら，2枚目の用紙を対象者の前に縦にして置き，「今度は木を1本描いてください」と教示して描いてもらう。HTPPテストの樹木画については，バックやボーランダー（Bolander, K.）らと同じように「木」の教示を行い，コッホ（Koch, K.）のバウムテストのような「実のなる木」という教示は行わない。この点については後述する。樹木画に限らないが，対象者がきわめて簡単に描いて「できました」と言う場合には，「時間はまだ十分ありますよ」という励ましの言葉も必要である。

　3枚目の用紙も縦にして置き，「では次に，人を1人描いてください。顔だけでなく，全身を描いてください」と教示して用紙に描いてもらう。人物画を描き終わると，対象者に「この人は男の人ですか，女の人ですか」と尋ね，対象者の答えた性別を用紙の裏に記入する。次いで4枚目の用紙も縦にして置

き，「それでは今度は女（男）の人を描いてください。顔だけでなく，やはり全身を描いてください」と言って，最初に描いた人物と反対の性の人物を描いてもらう。なおどちらの性別の人物を先に描いたかは，解釈にとって重要なため，3枚目の用紙を渡す際に③と書いてあることを確認する。4枚すべてを描き終わった後，「これで一応終わります。描いてくださってありがとう」「お疲れさまでした」などとねぎらいながら，使用した鉛筆と消しゴムを片づける。まれにではあるが，3枚目に描いた人物の性別に「どちらでもない。単に人間です」と答える者もいる。この場合は，「今度は男性か女性を描いてください」と言って描いてもらい，その後さらにその反対の性の人物を描いてもらうため，描画は5枚となる。

■ **行動観察**

描画の実施前や実施中に，対象者が「1軒だけですか」「自分の家を描くのですか」「どのような木を描くのですか」「どのような人を描くのですか」「男の人ですか」「正面を向いた人ですか」「裸の人ですか」など，さまざまな質問をすることがある。このような質問には「あなたが思ったように描いてください」とのみ答え，別にそれらの質問を書きとめておく。ただし「簡単でよろしいですか」の質問には，「できるだけ丁寧に描いてください」と答え，「漫画でもよろしいですか」の質問には，「普通の絵を描いてください」と答える。

ほとんどの対象者は，用紙を置かれた位置のままにして描画するが，なかには用紙を縦に置き変えて家屋画を描いたり，用紙を横にして樹木画を描くなど，用紙の向きを変えて描く者や，複数の木や人物を描く者もいる。この場合は注意をせず，対象者の自由に描いてもらう。なお「へのへのもへじ」の顔と直線のラインだけの身体を描き，「人です」と言ったり，三角形の中央に縦線をひいて「木です」と答えるように，十分な情報を得られない絵を描く場合もある。このような時は可能であれば，「今度は実際の人（木）のように丁寧に描いてください」と教示して再テストを行うことが望ましい。しかし再テストを行うことで，検査者と対象者のラポールを壊すおそれがある場合は，他の課題の描画テストを実施したり，描画テスト以外の心理テストによって必要な情報を得るべきである。

心理テスト全般についていえることであるが，HTPPテストも，実施中の対

象者の行動は解釈時の参考になるので，教示を理解したか，興味をもって描いたか，緊張して描いたか，検査者やまわりの様子を気にしながら描いたか，いやがりながら描いたか，教示を無視していいかげんにざっと描いたか，描画中の質問やつぶやきはどうだったかなどを，それとなく観察して記録することが望ましい。

■ 集団法

集団法として多くの対象者にHTPPテストを実施する場合も，上記の個人法に準じて行うが，互いの絵が見えないように机や椅子を配置すべきである。また教示において，あらかじめ，「漫画や簡略化した絵を描かないように」とか，「まわりの人の絵を見ないように」と注意し，さらに，「それぞれの絵を描く時間をだいたい10～15分ぐらいとする」などと説明しておく。そして描画を開始後，状況を見て，経過した時間と残りの時間を告げ，時間内に完成できるように配慮する。また3枚目と4枚目に描いた人物画の性別を記入させる。

(2) 描画後の対話

4枚の課題を描き終えた次の過程が，PDD（高橋，2007b）の段階である。描かれた絵が伝える内容をできるだけ多く，より深く，より正確に解釈する（読み取る）ためには，絵だけによる目隠し分析（blind analysis）のみでは不十分である。描かれた絵を通して対象者が表現し，伝えようとする内容がどのようなものかを適切に理解するためには，対象者と話しあうことが欠かせない。

バックのH-T-P法では，PDIの段階として，家・木・人の3つの課題を描いた後，合計60の詳細な質問が設定されている。これは通常，人物画について8項目の質問をした後に，樹木画に関して14項目，次いで家屋画に6項目，そして再び樹木画，人物画，家屋画などと質問していくが，必ずしもこのすべてを一定の順序で行うことを求めてはいない。参考のためにバックがPDIとして用いた質問項目のいくつかを次にあげる。

【家屋画】
・描いている時，誰の家を考えていましたか？
・この家を好きなように使えるとしたら，あなたの部屋はどの部屋にします

か？　誰といっしょに住みたいですか？　それはどうしてですか？
・この家はあなたに誰を思い出させますか？
・この家に必要なものは何でしょうか？

【樹木画】
・この木は何の木でしょうか？
・この木は生きていますか？
・生きている印象を与えるのは，この木のどこからでしょうか？　枯れている部分はありませんか？　その部分はどこですか？　どういう原因で枯れたのでしょうか？　枯れたのはいつでしょうか？
・この木は男性か女性のどちらに見えますか？

【人物画】
・この人は誰ですか？
・描いている時，誰かのことを考えていましたか？
・この人はあなたに何を考えさせたり思い出させますか？
・この人はどのような気分でしょうか？

　バックのPDIについてボーランダー（Bolander, 1977）は「不幸にしてPDIの質問は，この木は男か女か，この木で何を思い出すか，この木に必要なものは何かなど，答えにくい質問や，見えすいた質問があり，不十分な点が多い」と批判し，「多くの臨床家はPDIを省略したり，設定された質問以外の質問を行っている」と述べている。

　筆者も描画後の対話として，いつも一定の質問をするのではなく，まず最初に「この絵について，あなたが感じたり，思ったことを話してくれませんか」と尋ねている。次いで大まかな質問をし，しだいに細部にわたって尋ねるようにしながら，対象者の答えに応じた対話を続けている。この時，検査者の質問に対象者が答えるという形よりも，描かれた絵をともに眺め（味わい）ながら，対象者が自由に話せるような雰囲気づくりが大切である。しかし描かれた絵について話を進める手がかりとなるように，必要に応じて用いる質問を準備しておくことも大切であり，筆者は次のような話題を適宜取り上げている。

【家屋画】
- この家を見ると何か思い出しますか？
- どうしてこの家を描いたのでしょうか？
- この家の近くに他の家がありますか？
- この家の家族は何人ぐらいでしょうか？
- 家庭の雰囲気はどうでしょうか？
- この家の人と近所の人との関係はどうでしょうか？
- （描画で理解しにくい部分について）これは何ですか？　どうして描いたのでしょうか？
- 描きにくかったのはどこですか？
- この絵にもっとつけ加えたいことがありますか？

【樹木画】
- この木は何の木でしょうか？
- この木を見て，どんな感じがしますか？
- どうしてこの木を描いたのでしょうか？
- 樹齢は何年ぐらいの木でしょうか？
- 季節はいつ頃ですか？
- 天候はどうでしょうか？
- （葉が描かれていない絵について）これは枯れ木と冬枯れのどちらでしょうか？
- （描画で理解しにくい部分について）これは何ですか？　どうして描いたのでしょうか？
- 描きにくかったのはどこですか？
- この絵にもっとつけ加えたいことがありますか？

【人物画】（男性像と女性像それぞれについて）
- この人は何歳ぐらいでしょうか？
- この人はどのような仕事をしているのでしょうか？
- この人はどのような性格でしょうか？
- 今何をしているのでしょうか？
- あなたはこの人が好きですか？　それとも？

・この絵を描く時，誰かを考えて描きましたか？
・描きにくかったのはどこですか？
・この絵にもっとつけ加えたいことがありますか？

　一方，描画テストとして絵を描くことは，描く人の自己表現や自己理解を助け，その人の心に脱感作・浄化・自己理解などを伴うことが多く，描画テストは心理査定と心理療法の2つの機能をもっている。筆者も心理査定としてHTPPテストを実施し，PDDを行っているうちに，対象者が絵を契機として自由連想的に話しはじめ，秘めていた心の悩みを訴えるという，心理療法の過程に進んだ経験を多くしている。しかし本書では，HTPPテストをパーソナリティ査定の方法に限定して述べることにする。

　以上のように鉛筆を用い，A4判のケント紙（画用紙）に，「家」「木」「人」「描かれた人と反対の性の人」の4つの課題を描いてもらい，描画後の対話を行うことで，HTPPテストが終了し，描かれた絵が表す対象者のパーソナリティを解釈する（読み取る）過程に入る。

4．描画テスト解釈の根拠

　絵を描いた人の現在のパーソナリティが，HTPPテストを含め描かれた絵によって理解できるという理論的根拠は，①描画の発達，②空間象徴，③図示的コミュニケーションの考えに基づいている。

(1) 描画の発達

　人が幼児から成長・発達するにつれ，絵の描き方，描かれる対象の部分の出現，統合の仕方が変化することは広く知られている。子どもの描画は掻画（なぐりがき），図式画を経て写実画へと発達していく。

　①掻画期（1歳～3歳頃）：運動的・視覚的興味に基づいた単なる線描であり，しだいに線描に形を見いだして命名することもでてくるが，対象の形を意図して描いた絵ではない。

②図式画期（3歳頃～8歳頃）：対象が見えるように描くのではなく，型にはまった絵を象徴的に描く時期である。
③写実画期（8歳頃～）：一定の視点から対象を客観的に眺めた絵を描く時期である。

例えば人物画について見ると，個人差は大きいが，はじめは単に手の運動の結果のような掻画から，丸い形を描き，やがてそれを「ママ」と意味づけることなどが生じる。さらに円だけの頭部に目のような線が加わったり，図1-3（4歳児が描いた人）のように頭部から手足が出ている頭足人間が描かれる。そして成長するにつれて胴体が描かれ，図1-4のような翼状の手が描かれたりもする。図1-4は5歳児が描いた人物画であり，首は描かれているが耳は描かれず，5歳児では首も耳も描かない場合がかなり見られる。さらに年齢が進むにつれ，不均衡に大きい頭を小さく描いたり，腕や手を分化して描いたりするようになる。このように年齢とともに，子どもが描く人物画の構成部分が変化することに基づき，グッドイナフ（Goodenough, 1926）やハリス（Harris, 1963）は児童の精神年齢や知的成熟度を測定する尺度を作成したのである。

●図1-3　　　　　　　　　　●図1-4

● 表1-1　職業適性検査知能得点とHTP知能得点の関係　(高橋, 1985)

対象者	人数	職業適性検査 知能得点	HTP粗点 IQ	HTP修正 IQ
一般大学生	57	130.6 (12.9)	114.0 (11.8)	109.4 (9.4)
美術大学生	49	112.8 (15.6)	119.6 (10.0)	116.0 (7.8)

( ) 内は標準偏差

　したがって成人が図1-4のように3頭身と頭の大きい人物画を描く時，意図して描かない限り，精神的に退行していたり，知的障害があったりする可能性がある。しかし児童の描画のように，人物の構成部分と年齢（知能）との直接的関係は見られないので，成人の知的水準を人物画から測定することは適切ではない。また児童に描画をさせた場合，一見問題がありそうな絵であっても，年齢相応に発達した描画のこともあるので，検査者は描画の発達についての知識をもつ必要がある。

　なおバックはH-T-P法によって描かれた絵の構成部分を検討することで，成人の知能指数を測定する方法を作成し，妥当性があったと述べている。しかし高橋（1985）が，ある総合大学と美術大学の学生に適用した結果をバックの基準で分析して得た知能指数と，職業適性検査の知能得点を比較したところ，表1-1のような結果となった。H-T-P法の知能は情緒を含む知能を示すといわれ，文化の異なるわが国にバックの分析基準をそのまま用いることに問題もあろうが，描画によって測定できる知能は通常の知能を示さず，芸術的技能が示される可能性が高い。いずれにせよ対象者の知能状態を知ろうとする時，通常の知能検査が適用できれば，児童と成人を問わず，わざわざ描画テストを用いて知能を測定する必要はないであろう。

　なお子どもの写実画期以後，子どもが児童期（後期）・青年期・成人期・老人期と成長するにつれて，健康な人の絵がどのように変化するかについての研究はあまり見られない。青年期には個性的な発達が見られ，様式化や抽象化が際立つともいわれているが，筆者はHTPPテストを幼児・児童から老人まで，健康な状態の人，またそうではない人に行ってきた結果から，小学校卒業頃（12～13歳）以後の絵の描き方は，青年も成人も大きな変化がないという印象

を抱いている。したがってここでいう描画の発達の理論は，児童期を中心にして，それと青年期以後の絵を比較したものである。12～13歳以後，美術に関心を抱いて美術系大学に進学したり，絵画に関心をもっている人のHTPPテストはさすがに描き方が巧みであるが，そうでない人が描いたHTPPテストの解釈を適用できると考えている。ただし美術系大学の学生の中には，PDDにおいて，課題の何かの特徴を意図して，芸術的に誇張して描いたと述べた者も多少見られた。小坂（2004）も描いた人の年齢の異なるバウムテストを比較し，「……絵の中で発達が分かるのはこの7歳の絵ぐらいであろう。10歳を越えると途端に大人との違いが曖昧になる」と述べている。

(2) 空間象徴

ボーランダーによると，木が描かれる用紙上の位置と，用紙と木との相対的な大きさは，①描いた人が両親の影響を受けた幼児期の経験，②自分が感じている環境との関係，③描いた時の感情，を表している。彼女の空間象徴の考えは樹木画を解釈するための理論であるが，絵の描かれる用紙（空間）は，その人が認知している生活空間（環境）を表し，描画像との関係（位置と大きさ）で，描く人の外界への態度やパーソナリティの特徴を表すと推測でき，その一部を図1-5に示す。

縦に伸びていく木の性質に従い，縦に長い長方形によって空間象徴の図式を示したボーランダー（Bolander, 1977）は，3つの図式を呈示している。1つは用紙を横に3等分した領域の図式であり，下から上に「本能領域」「情緒領域」「精神領域」を象徴すると述べている。また用紙を縦に2等分した区域の図式により，描く人が影響されている対象を表している（図1-5）。さらにボーランダーはこれらを統合して，用紙を12に区分し，各領域が象徴することを詳細に図式化し，樹木の各部分が象徴している意味を示した図式などをあげているが，ここでは省略する。

わが国ではコッホがバウムテストに引用したグリュンヴァルト（Grünwald, M.）の空間図式（図1-6）が知られている。この空間図式では左側が発端や出生を表し，わが国の能舞台の橋掛かりや歌舞伎の花道と同様に，世界の国々の劇場において人物が登場するのは，大部分が左からであり，多くの民族は文

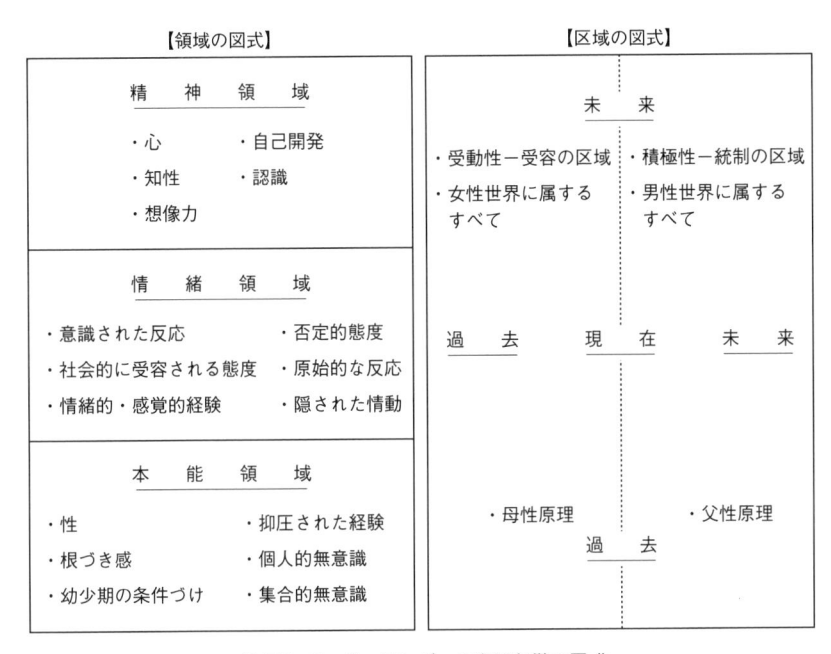

【領域の図式】	【区域の図式】
精神領域 ・心　　・自己開発 ・知性　・認識 ・想像力	**未来** ・受動性－受容の区域　　・積極性－統制の区域 ・女性世界に属する　　　・男性世界に属する 　すべて　　　　　　　　　すべて
情緒領域 ・意識された反応　　　　・否定的態度 ・社会的に受容される態度　・原始的な反応 ・情緒的・感覚的経験　　・隠された情動	過去　　　　現在　　　　未来
本能領域 ・性　　　　　・抑圧された経験 ・根づき感　　・個人的無意識 ・幼少期の条件づけ・集合的無意識	・母性原理　　　　　・父性原理 過去

●図1-5　ボーランダーの空間象徴の図式

字を左から書き始めるように，左が物事の始まりということが多いため，人類全体が同じような空間象徴をもつ可能性も考えられる。しかし文字を左からではなく右から書き始める民族も，同じ空間象徴を有しているのかという問題もある。例えば，児童の人物画の位置を研究したデニスとラスキン（Dennis & Raskin, 1960）は，右上から文字を書くアラブの児童が右側寄りの描画をすると述べているが，縦書きでは右から文字を書くわが国の中学・高校生458人について検討した高橋（1967）は，デニスのように右側寄りではなく，左側寄りの傾向が見られると述べている。しかしわが国の場合は，近年では横書きでは左から書き，また，1文字1文字は左から右への運筆になっていることなども考慮しなければならない。いずれにせよグリュンヴァルトの空間図式は，横に長い長方形の空間であるため，種子が下方の地面にまかれ，根は地面という下方にあり，下から上に伸びていく「木」に，象徴的意味をそのまま用いることは問題があるかもしれない。

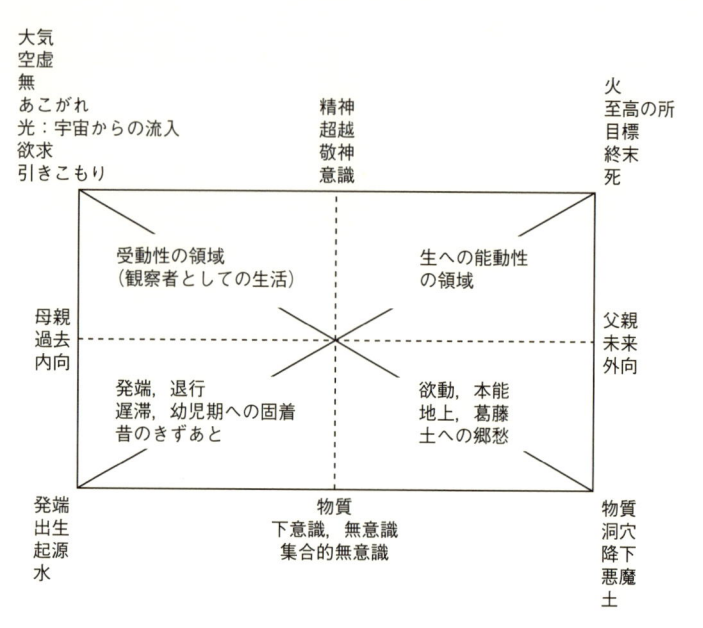

```
大気                  精神            火
空虚                  超越            至高の所
無                    敬神            目標
あこがれ              意識            終末
光:宇宙からの流入                     死
欲求
引きこもり
          ┌─────────────────────────┐
          │ 受動性の領域       生への能動性│
          │(観察者としての生活) の領域    │
母親      │         ╲ │ ╱            │    父親
過去      │──────────╳──────────    │    未来
内向      │         ╱ │ ╲            │    外向
          │ 発端, 退行       欲動, 本能  │
          │ 遅滞, 幼児期への固着 地上, 葛藤│
          │ 昔のきずあと     土への郷愁  │
          └─────────────────────────┘
発端                  物質            物質
出生                  下意識, 無意識   洞穴
起源                  集合的無意識     降下
水                                    悪魔
                                      土
```

● 図1-6　グリュンヴァルトの空間図式

(3) 図示的コミュニケーション

　空に浮かんでいる雲を眺めながら，ある人は「母親の姿に似ている」と言い，ある人は「ソフトクリームのようだ」と話し，ある人は「爆弾が破裂した噴煙」を思い出すかもしれない。同じ刺激であっても，人々の反応の仕方は，現在の欲求や過去の経験により無意識のうちに影響される。このように同じ刺激を意味づけ，構造化する場合，そこに自分自身の欲求（動機），葛藤，感情，態度などが示されるという投映法の考え方は，描画テストもロールシャッハ・テストも TAT も同じである。しかしハマーがいうように，ロールシャッハ・テストや TAT が，与えられた刺激をどのように受け止めるかという受け身の心理過程に重点をおくのに対し，描画テストは自分が自発的・積極的に反応していく自己表出の心理過程を表している。さらに描画テストはロールシャッハ・テストや TAT と異なり，言葉を媒介としない特徴をもっている。

　人々が互いに何かの意思（考え，感情，欲求，態度など）を伝えるコミュニケーションは，通常，言葉を媒介として行われ，言語的コミュニケーション

(verbal communication）と呼ばれている。しかし状況や目的によっては，言葉を用いないで音声，身振り，特定の目印などを媒介とする非言語的コミュニケーション（nonverbal communication）が行われ，とくに絵によって意思を伝える方法は，ハマー（Hammer, 1969）によって図示的コミュニケーション（graphic communication）とも呼ばれている。

　人が言語的コミュニケーションで用いる概念は具体概念と抽象概念に大別できる。そして具体的に「これが……である」と直接的に指示できなかったり，言葉で説明しにくい抽象概念や経験を伝えるために，感覚的類似性を与える具体的事象を絵に描いたり，抽象的な図形などで表すことがよく行われる。例えば，ヘビの姿や動きなどから，ヘビの絵を描くことで邪悪さを伝えたり，燃え上がる火の絵が情熱を伝えることなどがあげられる。さらにダビデの星はユダヤ教を，十字架はキリスト教を象徴し，動物やデザインなど特別のシンボルマークを描くことが，企業や学校などの組織体を象徴するのもこの例である。また無意識の欲求や感情の直接的な表現が自我を脅かす時，自我防衛的に偽装された表象として，（視覚的な）夢が形成されるように，男性器が家屋画の煙突として描かれることもある。さらに言語表現の苦手な人が，なかば気づいていたり意識している観念を，言葉のかわりに描画で示すこともある。

　いずれにせよ，言葉で表現しにくい観念や，自我防衛によって偽装された観念が，図示的コミュニケーションとして絵に描かれることはよく見られる。さらに絵は言語的コミュニケーションで伝え得る内容（意味）を描くと同時に，描いた人が言葉で明確に表現できない内容（意味）を，意識的・無意識的に表現し，同じ絵が同時にさまざまな内容（意味）を象徴することが多い。したがって描いた人のパーソナリティの理解には，絵に象徴された内容（意味）の解釈（読み取り）が必要となる。絵の象徴は描いた人自身の経験に基づくこともあれば，その人の住む文化に影響されていることもある。例えば，両腕をあげることが祈りや自己防衛を，暖炉が愛情を，大きな耳が猜疑心を表すなど，多くの文化に共通する普遍的意味を有する象徴がある。また，コウモリが中国では幸福と長寿を表すのに対して西欧では不運や悪霊などを象徴し，わが国では食卓上の茶碗と箸が家族を表すなど，特定の文化に存在する象徴もある。さらに，ある家族にとって5という数字が幸福を表すなど，家族に共有される

象徴もあれば，切り株が生別した父親を表すなど，描いた人だけに特有の象徴も存在する。すなわち，絵には，普遍的な象徴，特定の文化に見られる象徴，ある家族にのみ共有される象徴，本人に特有の象徴がある。

したがって図示的コミュニケーションの象徴性を理解するには，精神分析学，人類学，発達心理学，精神病理学，パーソナリティ理論などの知識を深め，神話，おとぎ話，芸術作品などに親しみ，時にはシンボル事典を参考にしながら普遍的な象徴的意味を理解し，同時に対象者個人に特有の意味を，生活記録や他の心理テストやPDDとの関連で読み取ることが必要である。

5．HTPPテストの解釈

HTPPテストを含む描画テストからパーソナリティの査定を行うには，全体的評価と形式分析と内容分析の3つを互いに関連させながら，総合的に解釈していく。

(1) 全体的評価

全体的評価とは，解釈の最初から常に行うべき作業であり，臨床経験に基づく直観による全体的印象のことである。この段階では，絵の巧拙などの美的判断を避け，絵を批判せず，細かい様相にとらわれず，描いた人の立場に立って描いた人の経験を追体験しようと心がけ，描画全体を直観的印象で眺めねばならない。すなわち「この人は何を感じ，何を考えながらこの絵を描き，この絵に何を表そうとし，何を訴え伝えようとしているのか。そして自分自身や外界（他者）をどのように眺めているのだろうか」と，描画を共感的に理解し感じ取ろうとする態度が望まれる。

この全体的評価によって，一般的適応水準，心理的成熟度，情緒の安定度，パーソナリティの統合と混乱の程度，自我の拡張と収縮の程度，自己と外界に対する基本的認知の仕方（是認，否定，親和，疎外など），行動の統制力，脳機能障害の可能性などを推測していく。

なお，あえて初学者が全体的評価を行う際の手がかりをあげると，以下のことなどを感じ取ろうとすべきであろう。

- 豊かなエネルギーが感じられるか－無気力な印象を与えるか
- 調和的で自然な感じか－不調和で奇妙な感じか
- 協調的で率直な自己表現がなされているか－警戒的で自己防衛的な表現であるか
- 友好的な印象を受けるか－敵意を感じるか
- 自由に描き可塑性が見られるか－ステレオタイプ（形式的）など硬さを感じるか
- 明るい気分を受けるか－暗い気分を受けるか

　またHTPPテストの全体的評価では，描かれた4枚の絵を比較し，4枚に共通して得られる印象を把握したり，特定の絵に感じられる印象に気づくことも大切である。例えば，4枚のすべての絵にエネルギーの低さが感じられるとか，異性像が警戒的で形式的に描かれているとか，木の描き方のみが奇妙であるなど，4枚の絵を比較しながら全体的評価を行わねばならない。

　描かれた絵の全体的評価は，描画に関する研究文献を読んだり，年齢やパーソナリティの異なる人々の描画を多く眺め，臨床経験を重ねることによってより豊かなものとなる。

(2) 形式分析と内容分析

　全体的評価の印象が，絵のどのような特徴から得られたのかを確かめたり，絵のさまざまな特徴を分析して，その特徴が図示的コミュニケーションとして伝える意味を推測する段階は，形式分析と内容分析に区別できる。

　形式分析とは，描画時間，描画像のサイズ，描かれた位置，筆圧，ラインやストロークの性質，対称性，パースペクティブなど，「課題に関係なく，絵をどのように描いたか」を検討することであり，課題にあまり関係のない，どの描画にも共通する解釈要因である。しかし樹木画のサイズは通常，他の描画像よりも大きく描かれやすいとか，人物画は描き始めるまでの所要時間が長いなど，課題によって基準が異なることも考慮しなければならない。

　内容分析とは，「課題の絵の何を描いたか」の検討であり，課題によって検

討項目が異なってくる。例えば，家屋画で出入り口（扉）を省略するとか，樹木画で盆栽の木を描くとか，人物画で目を大きく描くなど，課題に関して何を描き，何を強調し，何を省略したかなどから，その意味を推測することである。

次章から形式分析と内容分析について述べるが，全体的評価，形式分析，内容分析は個別に行うのではなく，互いに関係づけながら行うべきである。絵の個々の特徴（サイン：指標）は，ある特徴の存在が機械的に1対1の関係で一定のパーソナリティ特徴に対応するのではなく，絵の有する多義性に基づき，いくつかのことを象徴しているため，描画の全体的様相や他の特徴との関係で検討し，常に統合的に解釈することが大切である。本書は臨床家にとってクックブック（料理読本）となることを意図しているので，それぞれの絵に見られる個々の特徴をサインと呼んで[　　]で表し，考えられるパーソナリティの特徴を，辞書のような形で羅列するように心がけている。したがって，そのサインに書かれている事柄が，その対象者にすべて認められるのではなく，極端な場合は，矛盾する事柄もあえて記述してある。描画の他のサインと関連させて利用してほしい。

さらにHTPPテストの解釈においては，対象者の問題点や病理性だけを取り上げるのではなく，心の健康な側面を見いだして，全体的に解釈しなければならない。

(3) 描画像の図式

絵が象徴するものや伝える意味は，きわめて多義的であり，既述のように描く人が意識している意味だけでなく，何となく気づいている内容や，無意識の

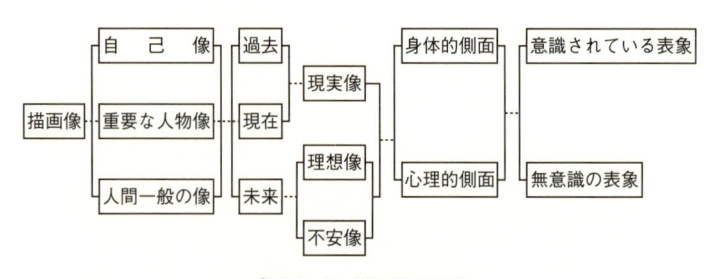

●図1-7　描画像の図式

内容を伝えるものである。例えば，家屋画が自分の家庭についての思いを，樹木画が無意識に近い自己像を，異性像が異性に対する態度を示すように，4つの課題の絵は，それぞれが課題に関連した描く人の心理状態を表しやすい。しかし家屋画が自己像を，異性像が過去の母性像を表すように，描く人が抱く人物を意識的・無意識的に象徴することが多い。そこで筆者らは図1-7の描画像の図式を作成し，それぞれの描画が人物に関連した意味を象徴する場合，図式のいずれをより強く示しているかを推測することにしている。なおこの図式については，第5章の人物画で詳しく述べている。

第2章 形式分析

Form Analysis

　形式分析とは，描かれる課題に関係なく，どの絵についても共通した解釈要因であり，どのように描くかという描画の仕方や様式を検討することである。

1. テスト時の行動と所要時間

　第1章で述べたように，テスト実施中の対象者の態度や行動は，描画を解釈し，個々の特徴（サイン）と解釈仮説を結びつける時の手がかりとなる。例えば，家屋画の窓が描かれていなかったり，輪郭だけの人物画のように，大ざっぱに描かれた印象を与える絵であっても，対象者が丁寧に描いた絵と，投げやりな態度で描いた絵では意味が異なり，この場合，前者のほうがパーソナリティが混乱してしている可能性が大きい。また課題の絵を気楽に描くのか，緊張して描くのか，多くの質問をして状況を限定しようとするのかなどを知ることで，対象者が新しい課題に直面した場合に通常示す態度を推察することもできる。

　描画にかかる時間は対象者の態度によって異なるが，それぞれの課題に対して，だいたい10分から20分ぐらいが通常である。ある課題を描き始めるのが遅かったり，30分以上も描き続けるということは，その課題が対象者にとって特別の意味をもつことが多い。

2. 順序

　ある課題を描くにあたり，部分を描いていく順序は，多くの対象者に共通している。例えば，家屋画では屋根－壁－出入り口（扉）－窓の順に，人物画なら顔の輪郭・目・まゆ毛・鼻・口・耳など顔を描いてから，首や胴に移るなどのことが見られる。また一般に多い順序によらない人であっても，どの部分を描くかの順序には，なんらかの連関があり，顔－足－胴というような無計画な順序で描くことは少ない。無計画で混乱した順序で描く場合は，不安が強かったり，心理的に退行していたり，興奮していたり，知的障害や器質障害があったりする。また描いた部分を消したり，すでに描いた部分に戻り，繰り返し描き直したりする場合，その部分が象徴する対象に直面したくなかったり，葛藤があったりしがちである。

　なお順序に関しては，全体的評価でふれたように，家屋画・樹木画・人物画（男・女）の4つの絵を1つの系列と考え，それぞれの絵を他の絵と比較検討することも大切である。例えば，ハマーは，描画をいやがらず，かなり巧みに家屋画を描いた人が，樹木画になると，疲労しはじめ，やっとの思いで描き終え，人物画では「もう頭が働きません」と言って描けなくなった例をあげ，このような場合は抑うつ状態の可能性があると述べている。筆者の経験でも，家屋画・樹木画・同性の人物画を抵抗なく描きながら，異性像を描けないと言ったり，性別のわからない人物画を描き「男でも女でもない。人間です」と答えた青年や，他の課題の絵と比べて，著しく奇妙な樹木画を描く犯罪者や非行少年に出会ったことがある。

3. サイズ（大きさ）

　用紙上に描かれた絵のサイズ（大きさ）の大小を比較する1つの方法として，筆者は用紙面積の3分の2より大きい絵を［大きいサイズ］，9分の1より小さい絵を［小さいサイズ］とした。また残りを［通常のサイズ］とし，9分の1より大きくて3分の1より小さい［小さめのサイズ］と，3分の1から3分の2以内の［大きめのサイズ］に分けて検討したことがある。通常，家屋

画と人物画は大きめのサイズで描かれるが、樹木画テストは大きいサイズで描かれる傾向がある。なおこれとは別に人物画の男性像と女性像のサイズを18歳以上の男女について検討したところ、描く人の性別に関係なく、男性像を大きく描き、女性像を小さく描く傾向があった。これほど厳密に検討しなくても、臨床家がこのテストを実施し、描かれた多くの絵を見ているうちに、描かれた絵のサイズの大小に気づくようになるだろう。

　用紙上の絵のサイズは、通常、描く人の環境へのかかわり方や、両親との関係などを表し、自尊心、自己拡大の欲求、活動性、感情状態、外界（両親や権威像）への態度などを表すと考えられる。サイズというサインに限らず、HTPPテストのどのサインも、課題となる絵によって象徴する意味は多少異なるが、本章では4つの課題の共通点について述べる。

　大きすぎるサイズは、自己の存在を顕示的に主張したり、状況への洞察を欠いていたり、環境からの圧力への心理的緊張が強かったり、怒りっぽい人に生じやすい。すなわち［大きいサイズ］の絵は、自己顕示、自己拡張、過活動、高揚した気分、怒りの感情、攻撃性、過補償、洞察の乏しさなどを示すようである。ただし、青年期には、大きな樹木画が描かれることが多く、これらの意味を大きく考えすぎてはいけない。

　一方、小さすぎるサイズは、自分が環境に適応できず、小さい存在だと感じ、自分を抑制し、活動性に乏しい人に見られやすい。すなわち［小さいサイズ］の絵は、不安、自尊心の低さ、自己抑制、劣等感、抑うつ感、無力感、引きこもり、退行、依存性などに関連する。

4．位置

　絵が用紙のどの部分に描かれているかを描画像の位置と呼び、描かれた絵と用紙の空白領域を比較し、描画像が左右・中央・上下のどの部分に描かれているかを検討することも大切である。

　多くの人の絵は用紙中央部分の位置に描かれる。しかし時に、用紙の中心点を意識するかのように、注意深く［用紙の中心］に描こうとする人がいる。このような人は、不安定感が強く、心の平衡を維持しようとしたり、自己中心的

であったり，可塑性を欠いていたり，環境を客観的に認知できないことが多い。

　第1章の4.(2)で見たように，多くの研究者は，用紙の左側が過去の生活，内面生活，感情世界，女性性などを表し，右側がこれらと反対の傾向を表すと述べている。したがって描画像の位置が［左側に偏っている］人は，内向的で新しい経験を避けて過去の生活に退行したり，空想の世界にとどまる傾向があり，理性よりも感情に走り，女性性の影響を強く受けているといわれる。一方，［右側に偏っている］人は，外向的で周囲の環境に関心をもち，未来を強調し，統制のある行動や知的満足を求め，男性性からの影響を強く受けていると考えられている。

　また通常，用紙の上方が観念や空想の世界を表し，下方が現実や確実な具体的世界を表すといわれる。したがって描画像を［上のほう］に描いた人は，高い目標をもって，到達しようと努力しながらも，達成しにくいと思っていたり，空想の中に満足を求めていたり，自分の存在が不確実で宙に浮いていると感じていたり，自分を他の人から離して近づきにくい存在にしたり，楽天的な気分を示しがちである。一方，描画像を［下のほう］に描いた人は，自分は現実的で確実な目標を目指していると感じていたり，具体的なものに身を寄せて安定していると思っていたり，不安感，違和感，敗北感をもち，抑うつ気分になっていたりする。

　用紙上の位置に関しては，空間象徴の理論が参考になるが，筆者らは，空間象徴についての多くの理論や，われわれ自身の臨床経験から，空間象徴としての用紙の意味をおおむね表2-1〜表2-4に示したように考え，描画像が描かれる位置，強調して使われる領域，無視されている領域などを解釈する時の参考にしている。

　図2-1は小さいサイズの家屋画であり，明らかに右下方の位置に描かれている。したがって位置のみを取り上げると，表2-4によって描いた人が，無気力，混乱，自己愛，孤立，死（のイメージ）などに関連したパーソナリティをもつと推測できる。しかしこの中のどれを示すのかは，目隠し分析的な推論ではなく，全体的評価とともに，通常の筆圧，小さいサイズ，やや特異な煙突，生け垣，庭の草などが象徴する意味も考慮して相互の関係から推測しなければならない。どの特徴（サイン）についてもいえるが，空間象徴によって絵の位

置を解釈する時も，用紙の左に偏った位置であるから過去にこだわっているとか，右に偏っているから男性性への関心や影響が強いというように，目隠し分析的に1対1の関係で断定してはならない。図示的コミュニケーションで述べたように，象徴の意味は文化や個人によっても異なるため，他の特徴（サイン）や描画後の対話（PDD），他の情報などを参考にして推測すべきことは言うまでもない。

　さらにHTPPテストの実施においては，検査者が対象者の前に，用紙を縦か横の位置に置いて描くことを求めるが，この時，用紙を回転し，［与えられ

● 表2-1　上方と下方の象徴

上方	精神 天 楽天性 生	空想 陽 喜び	未来 男性性 社会	目標 主導性	意識 活動性	自覚 不安定性	発展	完成
下方	物質 地 悲哀 死	現実 陰 悲しみ	過去 女性性 自我	無自覚 受動性	無意識 非活動性	衝動 安定性	退行	失敗

● 表2-2　左側と右側の象徴

左側			右側		
過去	発端	生	未来	終末	死
女性性	母親		男性性	父親	
内向性	受動性	消極性	外向性	主導性	積極性
自閉	内面	無意識	社会	外面	意識
感情			知性	英知	

● 表2-3　左上と左下の象徴

左上	空想　幻想　自閉　芸術　音楽
左下	不安　退行　依存　幼児期（過去）への固着

● 表2-4　右上と右下の象徴

右上	目標　計画　完成　科学　数学
右下	無気力　混乱　自己愛　孤立　死

●図2−1

た位置と異なる位置で描画する］対象者もいる。これは，自分のおかれた環境への不満，外界（や権威像）への反抗的態度，攻撃傾向，固執傾向などを表しがちである。

5．用紙の縁での切断

　描画像のすべてを用紙の中に描ききれず，絵の一部が用紙の縁で切れている絵を，用紙の縁での切断と名づけた。これは図4−7や図5−9のような絵であり，樹木画に最もよく生じるので，第4章の「樹木画」でも述べたい。
　一般的に，描画像が［用紙の下方で切断］されるのは，衝動や欲求の抑制や，他者の支持を求めることを表している。通常，形式分析のサインは課題に関係なく共通した意味をもつが，課題によってそれがより具体的な形で推測されることもある。
　描画像が［用紙の上方で切断］されるのは，時に家屋画に見られるが，樹木画に最もよく生じる。上方が切断された描画像を描く人は，現実生活で得ることのできない満足を求め，空想に耽り，行動よりも思考に関心があり，知的な達成欲求が強かったりする。
　また［用紙の左側で切断］された描画像は，未来をおそれて過去に固着したり，女性性の影響を強く受けたり，感情的であったり，依存的なことを表して

いる。さらに［用紙の右側で切断］された描画像は，過去から離れ未来志向的であったり，男性性の影響を受けたり，知的統制が強かったり，外向的傾向などを示している。

6. ライン

　HTPPテストは鉛筆を用いるので，絵の多くは，ある方向に向かってある程度連続した長さをもつライン（ストローク）によって描かれる。［筆圧が強すぎず，濃くなりすぎず，適度な長さのライン］は，注意深く，情緒が安定し，自己表現を統制し，目標を定め，忍耐力をもって行動し，状況に適応できることを表している。［丁寧に丸みのある曲線のライン］が描かれている時は，健康で可塑性のあることを示すが，［不正確に早く描かれた曲線のライン］は，自己表出を好み，活動的であったり，慣習を無視したりする。また［角張ったライン］は，不安，衝動性，敵意を意味しがちであり，［短いライン］は，自信欠如，持久力欠如，細かいことへのこだわりなどを表している。

　さらにラインとラインの間に空白のある［破線のライン］は，外界からの影響を受けやすく，無力感，自己不確実感，不安，小心などを示している。なお破線の間が広すぎる時は，自我境界があいまいになり，自己の現実感を失っていることがある。また，時に見られる［震えの目立つライン］は，薬物の影響，アルコール依存症，器質障害の可能性を示すこともある。

7. 筆圧

　筆圧は描かれたラインが濃いか薄いかで示され，用紙の裏を見て，裏まで鉛筆の筆圧が通っているかどうかなどの点から判断できる。筆圧は対象者のエネルギーを表すと考えられる。多くの人の筆圧はおおむね一定であり，安定した精神状態，適切に発達した自我の状態を示している。ある程度変化する筆圧も，著しくなければ，可塑性を表すが，［筆圧の変化が目立つ］時は，情緒不安定，衝動性，欲求不満耐性の欠如などを示している。

　［強い筆圧］は，高いエネルギー水準，心理的緊張の強さ，自己主張，活動

性，支配欲求，敵意などを表している。他方，［弱い筆圧］は，低いエネルギー水準，無気力，不安，ためらい，自己抑制，自信欠如，自己不確実，抑うつ気分を示している。

8. 陰影と影

　描画像は輪郭線だけで描かれることが多いが，鉛筆を斜めにした幅広いラインによって修飾されることもある。［薄い陰影］を用いた図2-2のような灰色の絵は，不安，自信欠如，他者への過敏性，抑うつ気分，従属性などを表す。他方，［濃い陰影］を用いた図2-3のような黒色といえるような絵は，自己防衛が強く，緊張感，敵意，攻撃傾向を表し，行動化を示唆したりもする。なお図2-2と図2-3の樹木画を描いた人のパーソナリティを推測する場合，上記の可能性が強いが，陰影の違いのみではなく，筆圧，木の形，茂みの有無，地面の線など他の多くの特徴（サイン）を総合して，両者に表れたパーソナリティ特徴の違いを推測すべきである。また内容分析に関連するが，例えば家屋画の屋根が陰影で強調されていることで，現実よりも空想に耽る傾向が示され

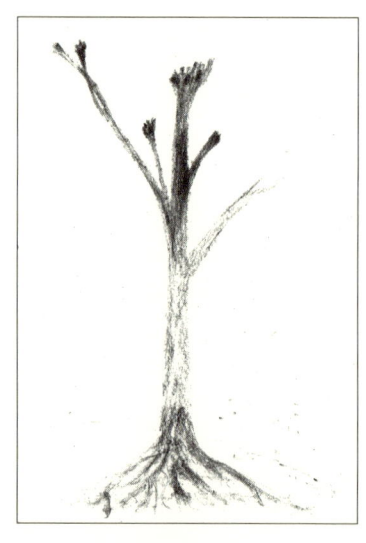

●図2-2　　　　　　　　　●図2-3

るように，描画像の特定部位に陰影を用いるのは，その領域が象徴するものへの不安や葛藤などを表すことも多い。

　描画像に影を描くことは，それほど多くない。［影つきの絵］は，完全癖や強迫性をもつ人が描きやすいが，不安や葛藤とも関連する。なお空間象徴の理論から，描画像の［右側に描かれた影］は，未来に関連した不安や無力感を表し，［左側に描かれた影］は，過去と関連する不安や，葛藤を全く処理できていない不安を示す可能性がある。

9. 抹消

　心理テストで絵を描く人の多くは，適度に消しゴムを使って描画像を修正するが，全く修正しようとしなかったり，消しゴムを用いないで修正する人もいる。その場合，柔軟性の欠如やエネルギーの乏しさを示すことが多いが，投げやりな態度でテストを受けていることも考えられる。また幼児，高齢者，精神障害者も消しゴムで修正しないことが多い。

　消しゴムをたびたび使って，［抹消と修正を繰り返す］人は，自信がなく，決断力に欠け，不安が強かったり，要求水準が高かったり，強迫傾向を示したりする。なお，過度に抹消された部分や，一度描いて抹消した部分が，描いた人にとって象徴的意味をもつことがある。

　時に消しゴムを使わないで，［描画像に×をつけて消したことにする］［はじめに描いたり描きかけた絵をそのままにしておき，新しく描く］［用紙の裏面に描き直す］ことがある。これは，反抗性，攻撃性，自信欠如などを示しやすい。

　なお通常，描き直された絵は，はじめに描かれた絵より巧みに描かれるが，中には簡略にしたり，粗雑に描かれることがある。このような場合，PDDで取り上げることも必要である。

10. 対称性

　多くの人はバランスのとれた描画像を描くが，［バランスを欠く］描画像は，

不器用,不注意,高揚した気分,不安を示したりする。また［左右の対称性を著しく欠く］のは,パーソナリティの統合を失い,行動を統制できず,過活動であったり,軽躁的であったり,器質障害が疑われたりする。他方,［左右の対称性に過度にこだわり］,硬い印象を与える絵を描く人は,心の不安定感が強く,強迫的に安定を求めたり,感情を抑圧して知性化しようとしたり,距離をおいて他者と接しようとしがちである。

11. 透明性

　図2-4は壁を透して部屋の中の電灯を描いた家屋画で,図2-5は人物画において,衣服と同時に実際には見えない内臓を描いた人物画であり,いずれも統合失調症の患者が描いた絵である。このように描こうとする対象の［外部から見えない内部の状態を描く］場合は,パーソナリティの統合を失ったり,現実検討力が低下し,自己と外界との境界があいまいになっていることを示している。これほど目立たなくても,吟味が不十分であったり,不必要な描線を消さないために,壁を透して家の扉が見えたり,上着を透して腕が見えたり,スカートを透して脚が見える状態になっている絵を描く人が見られる。このような場合は,現実検討力の低下,注意集中力の欠如に留意すべきである。

●図2-4

●図2−5

12. パースペクティブ

　パースペクティブ（perspective）とは，図2−6のように下方の視点から対象を見上げた眺め（worm's eye view）の絵や，図2−7のように上方の視点から下方を眺めた鳥瞰図（bird's eye view）など，描画像に距離感を表した絵である。距離感のある絵は，描いた人が現在の環境や人間関係になじめず，描かれた対象（の意味するもの）に近づこうとする欲求を抱きながら，対象と距離をおいて，自分の欲求を否定していることが考えられる。これはまた物事をあるがままに捉えられず，自分自身の本心を隠す傾向があるのかもしれない。ジョルス（Jolles, 1971）によると，対象を［見上げたパースペクティブ］は，自分が家庭から拒否された感情や，自分がつくれなかったと感じる家庭を求める気持ちや，他者との関係を限定し引きこもろうとする欲求を示すとのことである。また［見下ろしたパースペクティブ］は，家庭の拒否，家庭を賛美する通常の傾向の拒否，因習を破る態度，家庭の束縛（情緒的であったり，行動を制限したりする）の無視などを示すことが多い。

●図2−6

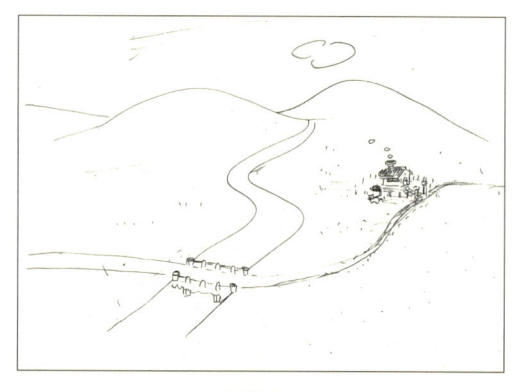

●図2−7

13. 方向

　パースペクティブにも関連するが，対象をどの方向から見た絵であるかは，外界（他者）に対する態度，感情，評価，行動様式などを示している。木や人は正面向きに描かれることが多く，家も正面向きがやや多いが，4つの［課題のすべてを完全な正面向きの状態としてきちょうめんに描く］人は，時に，

パーソナリティがやや硬く妥協に乏しかったり，不安を抑圧していることもある。マッコーバー（Machover, 1949）によると，児童が描く人物画は正面向きが多く，率直さを表し，また女性が描く人物画も正面向きが多いが，これは自分を誇示する傾向を示すという。また男性が正面向きの着飾った人物を描く時は，露出傾向が疑われるとも述べている。

一般に通常の方向と異なる方向を示す描画像は，敵意の抑制や，現実から逃避しようとする欲求を示すようである。なお人物画の方向は，第5章でも述べる。

14. 運動

運動の描写は人物画に最も多く描かれ，椅子に座っている人のような消極的運動以外にも，スポーツや争いなど積極的運動が描かれやすい。また家屋画では雨・風・雷などの天候が描かれたり，時に，倒壊やひび割れた状態の家を描き，PDDで「雷が落ちて壊れていくところ」「地震で壁がひび割れていくところ」などと説明されることがある。樹木画でも，風雨を描いたり，散っていく葉や風で曲がっている木などが描かれたりする。

HTPPテストに表現された運動は，描いた人のパーソナリティ特徴を投映しやすいので，運動や動作が，積極的か消極的か，激しいか穏やかか，自発的か受動的か，快いものか不快なものかなどに注目することで，描いた人のパーソナリティ特徴を推測できる。とくに［家屋画や樹木画に描かれる運動］は，外界からの圧力や無意識の欲求によって支配され，圧力を自分の力で動かせないと感じ，無力感を示し，時にパーソナリティの統合が失われそうな不安を示すことがある。

15. 描画像の基線

地面を表すように，描画像の下方左右に続く1本の直線を描くことは，樹木画に最もよく見られる。筆圧が［強く濃いラインで強調された地面の1本の線］は，不安の存在，依存性，安定などを求める傾向を表している。

16. 詳細さと省略や歪曲

　描画像をどの程度詳しく描くかが，詳細さである。HTPPテストでは実施前に，「できるだけ丁寧に描いてください」と教示するので，多くの人は家屋画であれば屋根，壁，扉（出入り口），窓といった必須部分を描き，その他の部分を加えたりしながら，吟味し，修飾して描いていく。詳細さの程度は，描く人の教示の受け取り方にもよるが，日常生活での出来事に関心をもち，外界に適切な注意を向け，問題を処理していく能力に関係がある。したがってテストに協力しながらも［適切な詳細さが見られない］場合は，エネルギー水準の低下，抑うつ気分，慣習性の無視，知的な問題などを示しやすい。

　［過度に詳しく描く］場合は，自分と外界との関係を適度に調節できず，環境に過度の関心を抱き，重要なものとそうでないものを区別できなかったり，強迫傾向が見られたりすることなどがあげられる。なお特定部分が詳細に描かれている場合は，その領域が象徴する意味に配慮すべきである。

　本章では描画像が「どのように描かれたか」という，どの課題にも共通した絵の特徴を形式分析として取り上げた。しかし描画像の基線が樹木画にとくに多かったり，人物画に後ろ向きが多いように，形式分析と内容分析を厳密に分けることはできない。第3章から各課題の描画像を「何が描かれ，何が描かれなかったか」という内容分析を中心に述べるが，必要な場合は形式分析についてもふれることにする。

第3章 家屋画

House

　家屋画は，描いた人が成長してきた家庭状況を表し，自分の家庭や家族関係をどのように捉え，どのような感情を抱き，どのような態度をとっているかを示しやすい。したがって家屋画には，現在の家庭の認知の仕方，将来の理想とする家庭，過去の家庭など，描いた人が考えている家庭の様相が描かれたりする。家屋画がどの側面をより強く表すかは，他の課題の絵と同じように，全体的評価をしたり描画後の対話（PDD）を行うなど，他の情報との統合が必要である。また既述のように，描かれた絵のもつ意味はさまざまであり，描かれた絵が家庭や家族と同時に，描いた人自身の心理状態を象徴していることもある。したがって家屋画を解釈する時も，図1-7（22頁）の描画像の図式を参考にして，どの側面を多く表しているかを推測すべきである。例えば図3-1や図3-2のように，崩れたり汚れたりしている家は，家族関係に悩みがあったり，家庭が自分の拠り所にならないという思いを示唆するが，自分をつまらない存在と見たり，心を傷つけられ悩んでいることを訴えている可能性もあり，絵の多義性を配慮することを忘れてはならない。

　家屋画を構成する必須部分は，屋根，壁，扉（出入り口），窓の4つである。外国の文献では，このほかに煙突を必須部分としてあげているが，わが国の場合，煙突は家屋画の必須部分とはいえない。高橋（1974）によると，わが国で窓や扉のある家を描く人は80％以上に見られるが，煙突のある家を描く人は20％に達しない。また家屋画は屋根から描き始めることが多いが，時に［地面のラインや壁の下方から描き出す］人もいる。彼らは，自主性に欠け，不安感が強く，依存的であったり，強迫傾向を示しがちである。

●図3-1

●図3-2

　家屋画を解釈するにあたっても，描画を全体的に評価し，必須部分をどのように描いているかに注目し，形式分析で述べたように，強調されたり，省略されたり，抹消されたりした部分の意味を推測していく。例えば図3-3と図3-4のログハウスは，どちらも地上から離れた家を描いているが，前者は窓がなく，自然のままの木が柱で，はしごが通路となっており，後者は窓など開口部が多く，加工された柱や階段があり，プランターなども描かれている。さら

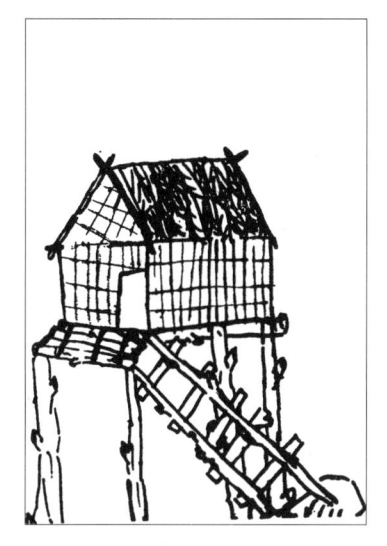

●図3-3

●図3-4

に図3-5のログハウスは地上に建てられ，他者との交流を示唆する開口部は開いているが，川向こうに描かれている。この3つの家屋画の全体的評価や目隠し分析を行うことで，描いた人が抱く家庭や自己像の認知の仕方やパーソナリティ特徴が異なることを推測できよう。

なおH–T–P法においてバック（Buck, 1948）は，意味をもつ描画部分の強調された描かれ方として次の項目をあげている。

●図3-5

【積極的強調】
①描画をしている時や，PDIにおいて，情動を表す。
②各部分を描く順序が通常とは異なる。
③ある部分に特別の関心を示す。
　・過度に抹消し，描き直してもよくなっていない。
　・たびたび特定の部分に戻って描く。
　・特定の部分を描くことに著しく時間をかける。
④明らかに逸脱した奇妙な描き方をする。
⑤ある部分を描くことに固執する。
⑥絵の全体やある部分について，描いている人が自発的に感想や意見を述べる。
【消極的強調】
①描画像の必須部分を省略する。
②ある部分の描き方が不十分であったり，部分と部分の結合が不十分である。
③PDIでの質問に逃避的であったり，答えなかったりする。

1. 主題

　高橋（1974）の資料では，わが国の人たちに家屋画を描くことを求めると，

約80％以上の人が和風の住居を描き，その中の70％以上の人が独立した一戸建ての家屋を描いている。最近では洋風の住宅や，集合住宅を描く人の比率も増加しているようである。このような通常描かれる家と異なる主題の家として，家全体ではなく，玄関の扉，特定の部屋，見取り図を描いたり，神社，寺，教会などの宗教的建物や学校などの公共的建物，デパート，スーパーマーケット，会社の入っている建物，樹上の家，倉庫，酒場（バー），物置き小屋，犬小屋など，さまざまな家が描かれている。通常と異なる主題の家が描かれた場合，PDDは欠かせないが，現在の自分の家庭に不満や葛藤を抱いていたり，描かれた建物が特殊な意味を象徴したり，その建物になんらかの関心をもつことが

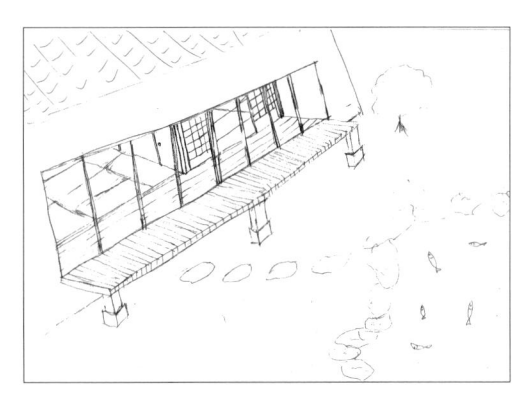

●図3-6

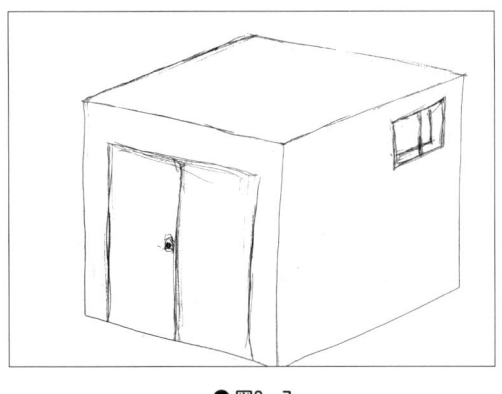

●図3-7

多い。同時に，描かれた家が描いた人の自己像を示すことも考慮すべきである。

　図3-6は家の一部として縁側を描いた絵であり，図3-7は家といわれて浮かんだイメージを描いたという絵である。図3-6は通常と異なる方向の家屋画である。この絵を描いた人はPDDにおいて，「現在，都会のごみごみしたところに住んでいるから，縁側のあるのんびりした家にあこがれたと思う」と話し，現在の自分の状況への不満を表しているようである。また図3-7を描いた人は，「中には何もない家」と話しており，現在の家庭と自己像を理解する契機となる家屋画である。

2. 屋根

　家屋の屋根は，描いた人の精神生活，とくに空想や，知性と理性などを象徴しがちなことを念頭におき，描かれた屋根の大きさ，他の構成部分，筆圧，修飾の仕方などを検討して，その意味を推測すべきである。図3-8のように，家屋全体との関係で，［屋根が著しく大きく］描かれている場合は，空想に耽りがちで，現実の生活や人間関係を避けたり，感情を抑えたりしがちである。また図3-9のように，［屋根が壁になっている］絵は，空想世界に生活し，現実を配慮していないことを表している。なお屋根に光採りの窓があるだけの家屋画は，現実世界を限られた範囲内で送ろうとする意味を示したりもする。図3-8と図3-9はいずれも屋根が著しく大きい家屋画であるが，図3-8は扉（出入り口）がなく，窓も半ば隠されているため，この絵のみから見ると，図3-9を描いた人よりも，空想に耽りがちな内向性の人と推察できる。

　大きい屋根と同じように，屋根だけを用紙全体に描いたり，塀とその向こうにある家の屋根だけが見える家屋画は，現実の生活を好まず，空想に耽る傾向を示している。さらに屋根瓦を丁寧に描いていく人は，強迫傾向が強かったり，空想生活を統制しようとする可能性もある。またひびが入った屋根瓦や，壊れた屋根の家屋画は，統制できない力によって自己が脅かされている感じも象徴的に表している。

　屋根を強い筆圧で描いたり，屋根の輪郭だけを繰り返し描くのは，空想や知的活動を重視する傾向を示しやすい。反対に家屋の他の部分と比べて屋根のラ

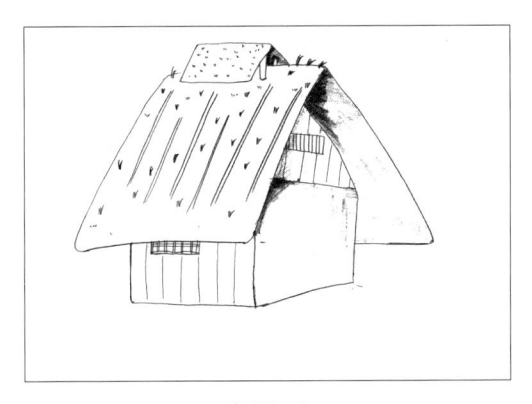

●図3-8

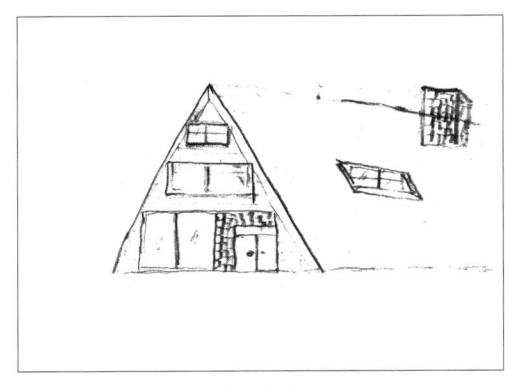

●図3-9

インの筆圧が弱いのは，空想したり知的な生活を好まないこともある。また家屋画の他の部分を丁寧に描きながら，屋根の部分をいい加減に描いたり，両端の壁を結ぶ1本のラインだけで描いたり，屋根を看板で隠したりすることも，同じような意味を表す。

3. 壁

　家屋の壁は外界からの影響を防ぐ機能をもつため，自我の強さを表すと考えられる。図3-1や図3-2のように崩れたり汚れたりしている壁は，家庭や

自我が崩壊すると感じる人によって描かれたりする。壁の輪郭線の強調は，外界の影響から家庭を守ろうとしたり，自我の平衡やパーソナリティの統合を維持しようと，意識的に努力している人に見られやすい。他方，弱い筆圧で壁の輪郭線を描くのは，外界からの圧力の強さを感じたり，自我の力が弱かったりして，それに打ち勝とうとせず，受動的になる態度を示している。図3-10は普通の筆圧で屋根と柱を描き，家の基線を弱い筆圧で描いた家屋画である。このような家屋画はきわめてまれにしか見られないが，拠るべき家庭や家族がなく，空虚な自我の状態を示し，外界の力に動かされていると感じていることがうかがえる。

家屋画の壁には，図3-10のように薄いラインであっても，通常，用紙と家の領域を区別するための基線が描かれているが，このように，［筆圧が弱く薄い基線］は，家庭の基礎が脆弱であったり，描いた人の自我が明確でないことを示している。さらに図3-11のように，家の［基線が全く描かれず，宙に浮いたように見える］家屋画が描かれることもある。このような家は，家庭が不安定であると感じていたり，自分と現実との関係が明確でない不安をもつことを表している。

家の基線以外に，家屋画に地面を示唆するラインを描いたり，図3-19のように，家の基線を左右に延ばし用紙の端まで横線を描いて地面を示唆することは少ない。一般に家屋画の基線が強調されている場合，不安感や，依存傾向を示すようである。さらにこのような基線ではなく，陰影によって地面であることを示す家屋画も，同じような傾向を示唆している。さらに壁の基線を描かず，図3-18のように，［用紙の下方を基線とした家屋画］も時に見られるが，これは，不安がより強く，より依存的で，自主性に欠けることが多いようである。

また子どもが描く家の絵では，壁を通して見た部屋の内部を描くことがある。これは第2章11.の透明性で述べたように，現実検討力の不十分な子どもが，自分の思いを自由に描こうとするからであり，とくに問題ではない。しかし青年や成人が［透明性のある家屋画］を描くのは，現実検討力が不完全で批判力を欠いたり，自己と外界との境界があいまいで，自己概念が不明確なことを表す。

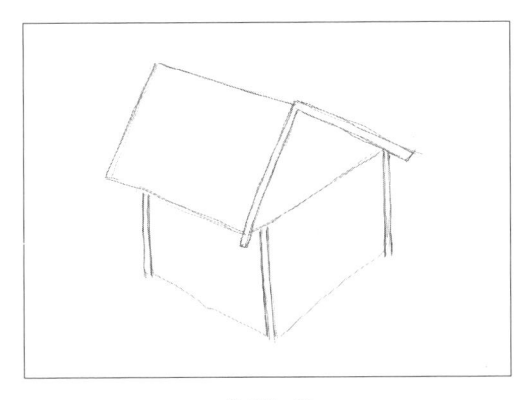

●図3-10

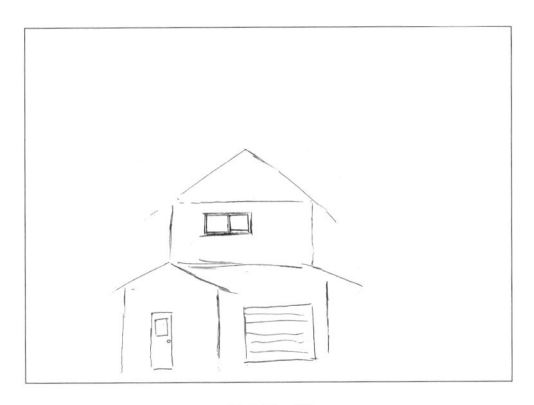

●図3-11

　また1つの面と他の面とが［適切に結合されていない壁］の家屋画は、衝動を統制できなかったり、薬物の影響があったり、時に離人感のある人や、器質障害の人に見られる。図3-12のように、1つの建物で、本来見えるはずがない3つの壁面が同時に描かれた家屋画は、子どもには時どき見られるが、成人の家屋画では、現実検討力の低下や知的障害の可能性がある。なおジョルス（Jolles, 1971）はこのような家の両端の2つの壁の幅が小さい家屋画は、器質障害が疑われると述べている。

　多くの人は、立体感を示すために、2つの壁面のある家を描くが、1つの壁面だけしか描かないこともある。その多くは家の正面の絵であり、図3-13

●図3−12

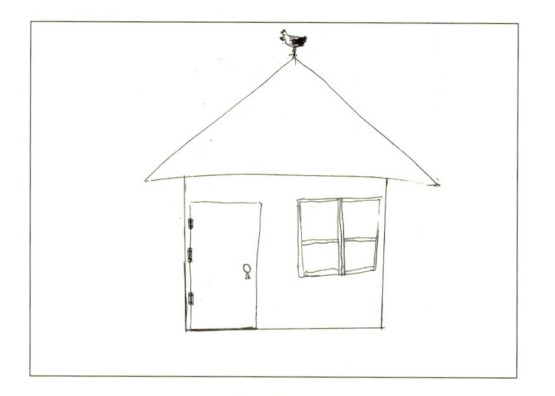

●図3−13

●図3−14

48

や図3-14のように扉（出入り口）と窓が描かれ，煙突やカーテン，植木などで装飾的に描かれることも多い。これは人間関係で，是認される家庭や自己の姿を維持したり示そうとしているものである。しかし他の特徴（サイン）や情報などから，理想的な家庭や自己の姿を描いている場合もある。このような人は，引きこもりがちで，他者に猜疑心をもっていたり，抑うつ的であったりもする。なお図3-13は健康な生活を送っている人の家屋画であり，図3-14は被害妄想を抱いている人が描いた家屋画である。この2つの家屋画はノブ（取っ手），鍵穴，ちょうつがいがいずれも描かれている。

さらに家屋の壁で，水平線（横）よりも垂直線（縦）が強調されるのは，空想に満足を求め，現実との接触が少ないことを表し，一方，水平線（横）が強調されるのは，過去や未来が支配していることを表すなどの見解も見られる。繰り返し述べるが，描画像の解釈においては，「〜のサインが見られたから，〜のような意味だ」といったように，1対1の関係で意味づけるべきではない。

4．扉（出入り口）

家の扉は，他者と直接的・積極的な相互作用が行われる部分であり，描いた人の人間関係への態度を表している。

図3-15のように，[扉を描かない]ことは，他者や家族との精神的交流がなく，他者に接近されたくなかったり，近づこうとしなかったりして，温かい感情を欠きがちであることを表す。扉も窓も描かれていない家屋画は，就学前の子どもを除いて健康な人が描くことはない。高橋（1974）によると，健常成人の家屋画に扉が描かれないことは少なく（男性17.3％，女性9.3％），扉を描かない人は，窓を描いていることが多く，時には図3-16のように，家の正面ではなく縁側から見た家屋画を描いたりする。いずれにせよ扉を描かない人は，対人関係に慎重である可能性が高い。

家屋全体や窓と比較して，著しく[大きく描かれた扉]は，積極的に社会接触を求めたり，他者に自分を印象づけようとする欲求を示したりする。また，明るい気分の人や，依存的な人も，大きい扉を描きやすい。他方，[小さい扉]は，積極的な人間関係を好まず，他者の接近を避けようとしたり，無力感を表

●図3-15

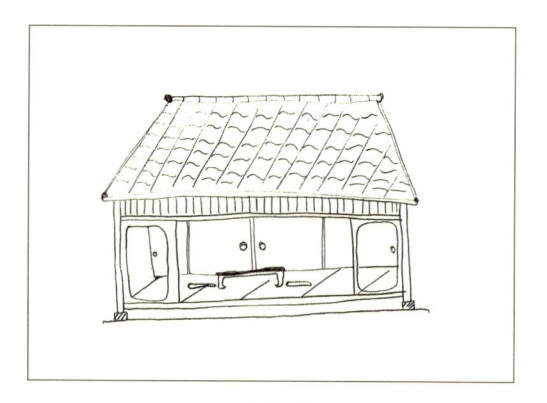

●図3-16

したりする。また［開かれた扉］は，他者からの温かい感情を求めたり，自分が社交的であると印象づけようとしたり，露出傾向や，時に他者が侵入するといった被害感も示すようである。また［家の内部の状態が描かれた］絵も，開かれた扉と同じような意味をもつ可能性がある。

　扉が［玄関にふさわしくない壁に描かれた］り，［車寄せや塀によって一部が隠されている］時は，逃避傾向，慎重さ，受動性を表している。

　扉には取っ手（ノブ）が描かれることが多いが，［取っ手を著しく強調］するのは，社会的接触に過敏であったり，時には男性器への関心を示すこともある。他方，［取っ手のない扉］は不注意によって描かれない場合を別として，

外界を警戒し，引きこもり傾向を表すこともある。図3-13，図3-14，図3-19のように，取っ手の下方に［鍵穴］を描いたり，扉に［小窓］をつけたり，扉の［ちょうつがい］を描くのは，外界への警戒心，防衛傾向，感受性，猜疑心などの強さを意味することが多い。

　扉の基線は，通常，図3-13や図3-19のように，壁の基線と同じところに描かれるが，図3-14のように［壁の基線よりも高くなっている］のは，自分を他者が近寄りにくい存在にしたり，自己流の仕方で他者と接触する人に多く見られる。しかし基線よりも上方に描かれた扉であっても，地面から扉に続く階段が描かれている時は，その程度が低いと考えられる。

　さらに家屋画を描く順序として，扉を最後に描き，簡略にしたりその反対に詳細すぎたりする家屋画は，対人接触を好まず，現実生活から引きこもろうとすることを示唆しがちである。

5．窓

　家屋の窓は人間の目のようなものであり，扉ほど直接的ではないが，外界や他者との受動的な接触の仕方を象徴している。扉と窓のいずれかを描く人では，窓を描く人が扉を描く人よりも多く，窓を描かない成人は男性4.2％，女性1.3％で少なく，扉よりも窓を描かないほうが問題ともいえる。［窓を描かない］人は，扉を描かない人よりも適応が悪く，外界への関心が欠如し，外界との関係を受動的であってももてず，外界への敵意や，引きこもりの強さを表しがちである。

　たとえ窓が描かれていても，図3-17のように，［小さく半開きになった窓］は，引きこもりの傾向を示している。また図3-18のように［多すぎる窓］を描く人は，外界との接触を求め，自分を隠そうとしないといえる。時に，図3-19のように［窓ガラスの破れた状態］を描き，望むような他者との交流ができないことを示すこともある。［2階建て以上の家屋画で，1階に窓を描かない］のは，敵意の存在や，引きこもりを表しがちである。また窓を1階だけに描き2階以上には描かなかったり，1階の窓を長方形に2階以上の窓を円形に描くなど，［形態を変えて描く］のは，現実生活と空想生活に著しい

●図3−17

●図3−18

●図3−19

違いがあったりする。

　窓を単に四角の形で描き，窓枠や格子などの修飾もなく，［むき出しの印象を与える窓］の家屋画は，相手の気持ちを考えず無遠慮な交際をして，場所柄を考えずに自分の感情を表しがちであることを示す。多くの人は窓を2等分か4等分にしたり，二重線を使って窓枠や格子を描いたり，陰影によってガラスの存在を示そうとする。このように［適度に修飾された窓］は，人間関係への適切な関心と，環境との調和を表している。さらに［格子が著しく多い窓］を描くのは，外界への関心があっても，自分と外界とを切り離そうとする傾向を示す。このような窓を多く描いた家屋画は，強迫傾向や嗜虐傾向をもつ場合がある。まれに窓に［鍵穴］が描かれるが，扉の鍵穴を描くよりも，外界への警戒心や猜疑心が強いことを表している。

　さらに日除けやカーテンで［隠されている窓］は，対人関係を好まず，警戒心が強く，引きこもりがちの人が描きやすい。しかし日除けやカーテンが窓を［完全に隠していない窓］の場合は，自分と外界との関係に敏感でありながらも，自分を適度に統制し，如才なくふるまっていける人である。一般に，女性は男性よりも窓にカーテンを描くことが多く，カーテンは女性性に関連するようである。

　窓についてハマー（Hammer, 1958）は，倹約，きちょうめん，頑固という肛門性格の人が，人物画の尻の部分を強調して描くのに対し，楽天的で依存的な口唇性格の人が，窓枠を強調して補強して描くと述べている。またジョルス（Jolles, 1971）は，窓を垂直線で2分したり，三角形の窓を描く人は，女性器に過度の関心をもつとしている。このような精神分析的立場による解釈は，扉の取っ手の強調が男性器への関心を表すこととも同じであるが，無意識の欲求として推測するにしても慎重に行うべきであろう。

　同じ階や同じ壁に描かれた窓が，バランスを失って描かれるのは，事物を統合しにくく，洞察力に劣ることを表す。また，ある窓だけが大きく描かれたり，小さく描かれたりする時，その部屋に住む人や，その部屋が象徴するものに過度の関心を抱くことがある。したがって，このような窓については，PDDを行うべきである。

　時に縁側から見た家屋画で，窓のかわりに雨戸を描いたものが見られる。雨

戸も窓と同じ意味を象徴している。例えば統合失調症初期の人が，雨戸の閉じた家屋画を描いたことがあるが，これは自分と外界との接触を喪失し，強い引きこもり傾向を示唆したと考えられる。これに対し開かれた雨戸は，外界への適度の感受性をもって，人間関係を維持していることを示している。

家屋の通風口である［風抜き（天井近くの窓など）］は，扉や窓に加えて描かれる。これは扉や通常の窓よりも，いっそう受動的な形で，外界と接触する傾向を表している。時に通風口を強調して描くことがあり，描いた人が他者に気づかれることなく，自分なりの方法で外界と接触し，受動的に緊張や敵意の解消をすることを表している。

6．煙突と煙

通常，煙突は男性器と，親密な関係の家族との温かい情緒の交流を象徴すると考えられている。例えば，性犯罪者にHTP法を実施したハマー（Hammer, 1958）は，彼らの描く煙突の特徴を次のように述べている。直接，性への不適応を示すものとして，煙突が斜めに切り取られたように上部がなくなっている，自分の男性器の弱さを感じているように煙突が透き通って屋根が見える，煙突が屋根の端で落ちそうになっている，家屋の他の部分が丁寧にしっかり描かれているのに煙突のみ単線で描かれているなどをあげている。また自分の性への不適応感を補償して，長すぎる煙突，先が丸く男性器のようになった煙突，地面から伸びている煙突，2本以上と多く描かれた煙突，ラインや陰影を強調した煙突を描き，自身の存在を示したりすると述べている。

このように外国の研究では，煙突を描かない家屋画が，去勢恐怖など男性器に関連した問題や，家庭の心理的温かさの欠如を示すなどといわれている。しかし既述のように，わが国では煙突を描かない家屋画が多く見られ，煙突が描かれないからといって，このような断言はできないが，煙突の象徴する意味を推測することは大切である。

図3-20は日本の5歳の男児が描いた，斜めになった煙突で，単線の煙が出ている。この家屋画のみから見ると，煙突と煙に加え，壁を透して描かれた電灯（透明性）によって，この男児が温かい家族への関心を示していると推測

第 3 章　家屋画

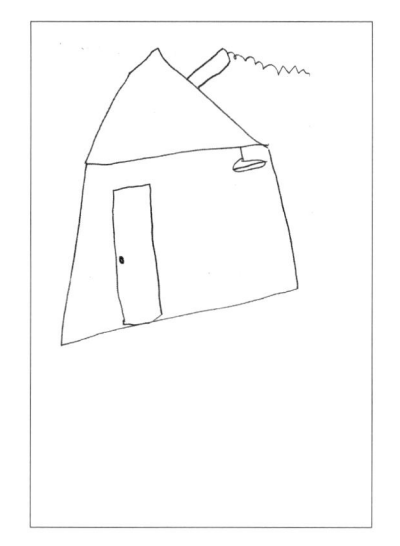

●図3-20

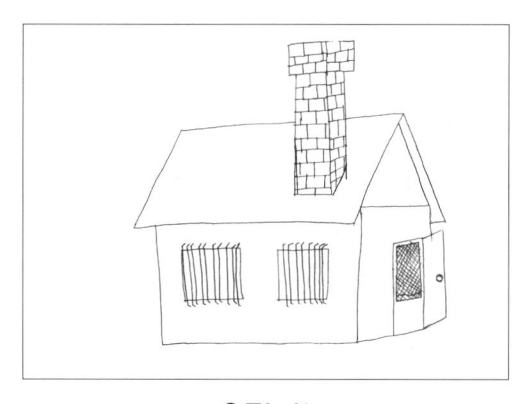

●図3-21

できる。しかし用紙を縦にして描いていることが，反抗したり自己主張をしやすい性格や，環境への不満や理想像としての温かい家族関係を表しているなどと断言することはできず，他の描画像や PDD が必要となる。なおウェンク（Wenck, 1988）が例示した斜めの煙突と単線の煙の家屋画は，図3-20ときわめて類似している。この絵について，バックは8歳以下では普通であり，8歳

を越えている場合には退行，知的障害，器質障害の可能性があると述べ，ハマーは去勢へのおそれを示すと説明しているとウェンクは述べている。

わが国で煙突が描かれている場合，描いた人の年齢はもちろんであるが，図3-21の強調された煙突のように，強調される程度や他の部分とのバランスを見ながら，意味を推測しなければならない。例えば，瓦屋根の和風1階建ての家に，煉瓦造りのように修飾された煙突を男性が描けば，家族の温かさへの関心か，自分の男性性の誇示を念頭におき，他の描画サインの特徴や情報と関連させて推測すべきである。これと異なり，一般に，［単に長方形で描いた］り，消しゴムを使わないために［透き通って屋根が見える長方形の煙突］，また，［単線の煙突］や［小さい煙突］は，家族間に温かさを欠いていたり，男性性についての無力感や，去勢不安を示す可能性がある。

とくに壁を透かして見える煙突は，男性性や男性器に関して抱く関心を他者に知られている感じや，自分の露出傾向を適切に抑制できないことを示したりする。さらに屋根の隅など物陰に隠され，ほとんど［気づかれないように描かれた煙突］は，去勢不安や，性的刺激を避けようとすることを示したりもする。

煙突を描いた人が，煙突から出る煙を描くとは限らない。煙突からたくさんの［濃い煙］がもくもくと出ている家屋画は，自分の心に緊張があることや，家族間の葛藤や，温かい家族関係を求める気持ちなどを示している。これに対し図3-20のように単線で描かれた［薄い煙］は，家庭内に温かさが欠けていることを示していたり，尿道性愛（排尿に伴う快感への固着）という精神・性的発達段階に退行していることを表したりする。また強風に吹かれたように煙が1つの方向に著しく傾いて流れている家屋画は，描いた人が環境からの圧力を感じていることを表している。ジョルス（Jolles, 1971）によると，煙が右から左の方向に流れていくのは未来に悲観的な考えをもち，同時に左右の方向に流れている煙は，著しい現実検討力の欠如を示すと述べている。

7. 塀と溝

家のまわりに［塀や垣根］を描いた家屋画は，外界に対し家庭や自己を防衛する程度を表し，外界からの刺激によって自分の安全感を乱したくないという

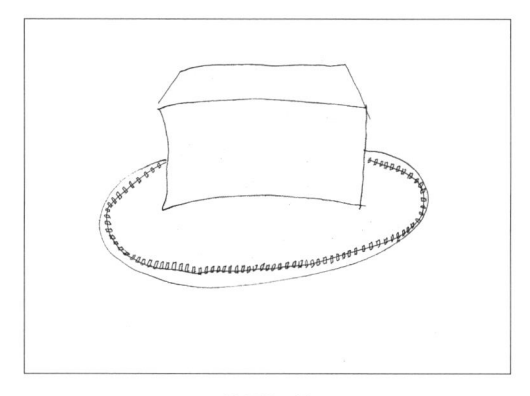

●図3-22

●図3-23

態度を表している。同じように塀を描いても，図3-22（統合失調症の患者が描いたもので，筆圧により塀が強調されている）のように，家をすっかり塀で囲んで出入り口が描かれないことはまれであるが，［出入り口の扉を閉めた状態の塀］を描いた家屋画は，外界からの刺激を遮断し，自分の世界に生きようとする姿勢を示すことが多い。また出入り口を開いた状態に描いても，塀で家屋の下方が隠されて見えない場合は，積極的な人間関係を好まず，あまり自分の本心を表そうとしないことを示している。

　出入り口や扉の有無やその開閉状態以外に，どのような材料の塀を描くかも考慮すべきである。すなわちブロックやコンクリート造りの塀なのか，板塀や

隙間のある簡単な柵や生け垣なのか，また塀の中の家屋全体が見えるのか，下方が隠されているかどうかなども検討すべきである。図3-23のようにブロック塀を描きながらも，塀の扉がなくて自由に出入りでき，物干し竿も見え，家屋全体が描かれ，窓が半ば開かれてもいる家屋画から見る限り，この家屋画を描いた人は自分の生活領域を確立しながらも，他者との関係を十分に配慮している人だと考えられる。

家のまわりの塀のかわりとして［溝］を描いたり，［塀に加えて溝を描く］ことはまれにしかないが，このような家屋画は，外界への警戒心や猜疑心をもち，自己防衛の程度が著しく，適応を失っている可能性がある。

8. 雨どいとひさし

家屋画に雨どいが描かれることは少ないが，図3-24のような［雨どい］は，自己防衛や，外界への警戒心や猜疑心の強い人が描きやすい。さらに図3-25（11歳の男児が描いた家屋画）のように雨どいが強調されて描かれたり，通常でない描き方の時は，尿道性愛の可能性や，男性器への関心，子どもの場合は遺尿への不安を示したりもする。

図3-26のように，家の［ひさし（のき）］（家屋の外部に出ていて，太陽や風雨を防ぐ部分が屋根の続きではなく，出入り口の扉の上や，窓や縁側の上のもの）を，著しく大きく描いたり，濃い筆圧などで強調して描くのは，雨どいと同じ意味があり，外界への警戒心や猜疑心を表すようである（図3-26は雨どいも描かれている）。かつて非行少年を調査した高橋（1967）は，ひさしの強調が，少年鑑別所への再入非行少年の20.5％に見られるのに，初入非行少年では7.8％，一般の中高生では5％以下であることから，ひさしの強調が，（自分を風雨に同一化し）家庭から拒否された感じを示し，外界への警戒心を表すと推察している。しかし図3-26のようなひさしの強調が家庭から拒否された思いを示すのか，温かい家庭を外界から妨げられたくない思いを示すかは，全体的評価や他の特徴（サイン）やPDDなどの他の情報と関連づけて考察すべきである。

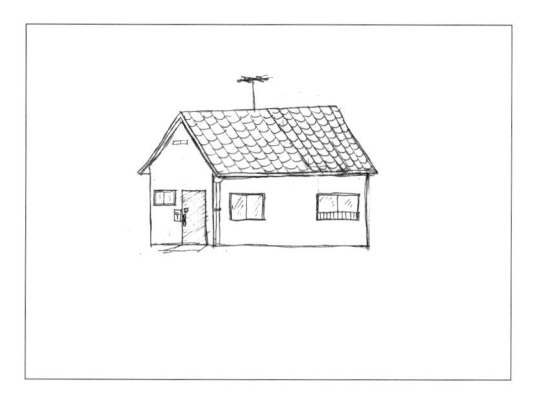

●図3−24

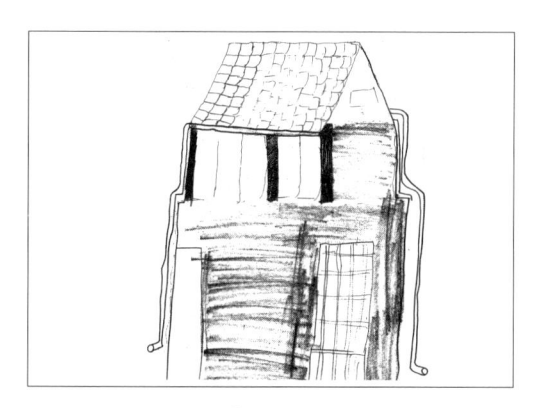

●図3−25

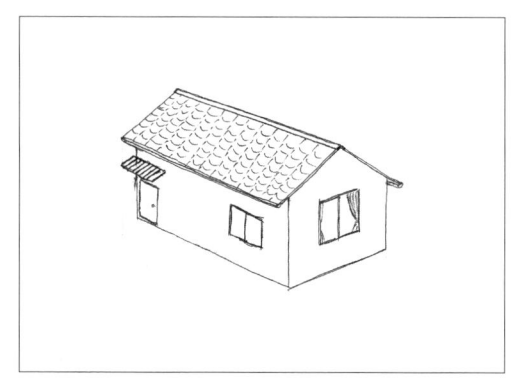

●図3−26

9. 茂み，木，花

　［木の茂み］など，家屋と直接関係のない対象を描くのは，理想像としての家や，完全を求める強迫傾向を示す場合もあるが，家屋（自己）よりも他の対象（茂み）に注意を向けてほしいという自己防衛を表すことがある。家屋のまわりに多くの茂みを描くのは，不安感を解消し自分の安全性を守るための防衛的な障壁をつくろうとしていることが多い。また，あちらこちらに描かれたり，道に沿って描かれた茂みは，描く人が不安感を統制し解消しようと意識していることもある。

　また家とともに描かれた木や茂みは，家が自己を象徴し，木や茂みが他者を象徴することがあり，さらに木が特定の人物を象徴したりもする。したがって大きな木を描いたり，家を隠すような木を描くのは，他者への強い依存欲求を示したり，家屋の両側に描かれた2本の木が両親を象徴し，両親に庇護されたり支配されている状態を示したりする。

　また，ツクシ，チューリップ，ヒナギクなどの［草花］を描くのは，子どもの家屋画によく見られ，成人が描く時は，退行の機制が働いていたり，自己讃美傾向を表したりもする。このように退行の機制を用いやすく，現実よりも空想に耽りやすい成人は，家だけでなく犬小屋や池（と魚）などを付け加えて描くことが見られる。

10. 道，敷石，山

　家の扉につながった［道］が描かれ，全体としてバランスがとれている時は，描いた人が自分を統制して，他者と適切に交際できることを表している。しかし図2-7のように長い道を描き，それが扉につながっているものは，他者を警戒して接触を避け，社交性に欠け，限られた人との深い友情を形成する人に見られることがある。また幅広い道が，家の敷地内や扉近くで急に狭く描かれるのは，本来，非社交的であるが，表面的な友情を示そうとする傾向を表している。家屋画に道が描かれていても，家屋の出入り口につながらないで，家と無関係に描かれるのは，他者との関係をもたず自分の世界に住みたいと望んで

いたり，自分はそのような人間だと思っていることもある。

　また扉までの道のかわりに［敷石］を描くこともあり，これは道と同じ意味をもっている。しかし単なる道を描くよりも，他者との間に多少距離をおいて交際する傾向を示すようである。この敷石は通常，扉から離れた場所の敷石のサイズが扉に近い敷石のサイズよりもしだいに大きく描かれるが，機械的に［同じサイズ］で描かれる場合もある。これは，子どもや不注意な人以外に，強迫傾向があったり，不安が強かったり，知的障害や精神障害を示すことがある。

　家屋画に［山］を描くことはまれであるが，安全性を求めることを示したり，山が父親などの権威像を象徴して，描いた人の劣等感を表したり，母親像を象徴していて庇護されたい欲求を表すこともある。

11．部屋

　家屋画において，図3-16の机と座布団のある部屋や，図3-27のように寝室と居間，窓からピアノやテレビ（もしくはその一部）が見える部屋，縁側に人物の後ろ姿など，その部屋の機能が推察できる事物が描かれることもある。しかし多くの人は，特定の部屋を示唆するような部屋を描かない。部屋は，その部屋が有する機能，その部屋に通常住んでいる人物，その部屋で経験され

●図3-27

る人間関係，その部屋が描いた人に対してもつ特殊な象徴性，描いた人に結びつく特殊な意味を表している．ある部屋が描いた人にとってどのような意味をもち，その部屋に肯定的態度と否定的態度のいずれを有するかは，描画の仕方や描画中の態度，ある部屋と他の部分との関係に注目するとともに PDD が必要である．時には用紙の端で切断された部屋が，描きたくない部屋であり，その部屋に関することに否定的な態度を示すこともある．

　筆者は，長椅子と花瓶の花が窓から見える絵を描いた人が，PDD において「応接間です」と述べ，外向的で社交性のあることを図示的に伝えたり，家屋の外壁に換気扇を描いた人が「ダイニングキッチンの換気扇です」と答え，愛情や依存欲求が満たされていることを示唆した人に出会ったことがある．

12. その他の付属物

　家屋画において通常よく描かれる部分について述べてきたが，扉では取っ手，ひさし，鍵穴，のぞき窓以外に，表札，インターフォン，郵便箱（郵便受け）などを，屋根には鬼瓦，テレビアンテナ，避雷針，風見鶏などを描く人も見られる．また家につながっている電線を描いたり，さらに太陽や月，雲，雨なども描かれる．こうした付属物は描かれることが少ないが，鍵穴が敵意や警戒心などの防衛的態度を表したり，子どもの描いた太陽が父親を象徴するように，図示的コミュニケーションとしての意味をもつことが多い．とくに付属物が強調して描かれ，他の部分とのバランスを失っている時などは，描いた人にとって特別の意味をもつことがあるため，PDD を行う必要がある．

第4章 樹木画

Tree

　HTPPテストの課題の中で，木を描くことは最も抵抗がなく，自己防衛が少ない。木を描くにあたり，人は無意識のうちに，これまでに見た多くの木の中から自分が最も共感したり同一化できる木を選ぶので，描かれた木はパーソナリティの深層を比較的象徴しやすい。すなわち描く人が自己像として無意識のうちに感じている自分の姿を示しやすい。もちろん絵の多義性により，描かれた木は自己像を表すだけではなく，特定の人物を象徴し，その人に対し無意識のうちに抱いている感情や欲求を表したりもする。したがって樹木画の解釈も，図1-7（22頁）の描画像の図式を参考にし，描画後の対話（PDD）が必要なことはいうまでもない。

　描かれる木を構成する部分は，根，幹，枝，葉である。さらに葉と枝からなる幹上方の樹冠や，上方以外の葉と枝からなる茂みを含むこともある。多くの人は幹の下方を垂直に描かず，下方をふくらませたり分化させて描くなど，根の存在を示唆するが，なかには幹の根元を細分化して詳しく描く人もいる。また樹冠や茂みを描く時，枝と葉を描いたり，枝の一部だけを描いたり，樹冠や茂みの輪郭線だけを描いて枝や葉を省略する人も見られる。

　木を描く多くの人は，幹から描き始めて樹冠に移っていったり，樹冠から描き始めて幹に移ったりして，幹の下方から描き始めることは少ない。なお地面（単線を含む）を描く人は，木の課題で最も多く見られる。しかし樹木画で，［最初に地面を描いてから木を描く］のは，不安が強く，他者に依存したり，他者から自分の存在を是認されようとしがちなことを表している。また［樹冠から描き始める］人は，外見を飾り，見栄をはる傾向があるともいわれる。

樹木画を解釈する時も，家屋画や人物画と同じように全体的評価が大切であり，絵の細かい様相や部分にとらわれないで全体的印象から始め，次いで絵の部分を眺め，強調されたり，無視されている部分を見ていくべきである。なお本章では HTPP テストの中の樹木画という立場から，入門書として必要な解釈を中心に述べることにする。樹木画テストの文献はきわめて多く，筆者も『樹木画テスト』，ボランダー（Bolander, 1977）の翻訳書『樹木画によるパーソナリティの理解』などを刊行しているので，必要な場合，それらを参照していただきたい。

1. 主題，とくに枯れ木と切り株

描かれた木を見て，マツ，スギ，ヤナギ，タケ，ブドウ，ヤシなど種類のわかる形の木を描く人は比較的少ない。多くの人は木の名前を意識せずに描くので，PDD において，「これは何の木ですか」とか「これは何の木に見えますか」などと尋ねてもよい。しかし樹木画の解釈においては，描かれた木の全体的評価をもとに，幹や樹冠の描き方などを検討していくので，必ずしも木の名前を明らかにする必要はない。

(1) 常緑樹と枯れ木

描かれた木を見てただちに気づくのは，樹冠の輪郭や葉が描かれていない枯れ木である。PDD では木の名前よりも，常緑樹か落葉樹のどちらかを尋ねるほうが，樹木画の解釈に役立つことが多い。図4-1のような枯れ木や，図4-2のような冬枯れの木と異なり，枯れ木か冬枯れの木か推測しにくい時は，PDD で「いつ頃の季節の木でしょうか」「葉がありませんね」「これは枯れ木と冬枯れの木のどちらでしょうか」などと尋ね，どちらを描いたのかを確かめることが望ましい。冬枯れの木には，図4-2のように地面に落ち葉が描かれたり，葉が少し残っている木や，図4-3のように葉の散っていく状態が描かれたりする。

［枯れ木］は，自分では統制できない力に支配されて挫折したとか，未来に希望がないと感じている人が描きやすく，無力感，劣等感，抑うつ感，罪悪感

第 4 章　樹木画

●図4−1

●図4−2

●図4−3

65

などを表しがちである。多くの文献は枯れ木が，引きこもりがちの人，抑うつ気分の人などによって描かれる頻度が高いと述べている。

　枯れ木が描かれた場合，PDDで「どうして枯れたと思いますか」と枯れた理由を想像させることも解釈の助けになる。なかには落雷で幹の上部が折れた枯れ木を描く人もいるが，雷，雨，風，虫など外部の力で枯れたと想像して話す人は，自分の挫折の原因を外界に帰属させ，心的外傷を有していたり，他罰的であることが多い。他方，幹や根が腐ったなど，枯れた原因を木自体に帰属させる人は，罪悪感が強いようである。また木が枯れてからどれぐらい年月が経っているかを話しあうことで，描いた人の不適応感がどのぐらい続いているかの推測ができることもある。

　これに対し，冬枯れの木は，春になり時が来れば再びよみがえり，葉をつけることを象徴し，健康な人によっても描かれることが多い。[冬枯れの木]は，外界からの圧力を意識し，受動的に影響されるままであると感じていたり，再びよみがえる自分の能力への自信を表している。葉が1〜2枚残っている冬枯れの木は，外界からの圧力に，自分の統制力が残っていることを象徴したり，未来への希望があることを表したりする。また風に吹かれて冬枯れになりつつある木は，外界からの圧力に過敏で，圧力に打ち勝てないと感じることを意味したりもする。なお後述する幹や根などの木の部分が象徴する内容は，枯れ木や冬枯れの木にも該当するので，木の意味を理解する時は，すべてを総合して解釈しなければならない。

(2) 切り株とひこばえ

　枯れ木に関連するので，ここで[切り株]の絵を取り上げる。樹木画において図4-4のように，切り株を1つだけ描く人はきわめて少なく，自分の力ではどうすることもできないという激しい心的外傷をもつ可能性がある。切り株を描く人は，図4-5のように[ひこばえ]も描くことが多く，心的外傷によって自我が傷つけられたと感じながら，無意識のうちに再出発しようと望んでいることが多い。[切り株にひこばえを描く]のは，外界から満足を得ようとしても無駄だという考え方を変えたり，性能力が回復した人に生じるといわれる。切り株に限らず，枯れ木の根元などから生えたひこばえも描かれるが，

●図4-4   ●図4-5

同じ意味を表している。

　樹木画も他の課題と同じく目隠し分析は行うべきではないが，出現の少ない特徴（サイン）について，例えば切り株の仮説として，描いた人が心的外傷を経験していないかなどを考え，PDDを行う時や他の情報を得るための契機とすることは，描画テストの用い方の1つである。

　なお切り株ではないが，図4-6のように［材木］を描くのも，切り株と同じように，心的外傷からの無力感を示している。さらに樹木画において［幹の部分だけ］とか，［1本の枝だけ］を描いたりする人もいる。このような樹木画は，描く人の態度にもよるが，視野が狭く，外界と自己の関係を的確に把握できなかったり，描かれた領域が描いた人にとって特別の意味をもつこともある。

　多くの人が描く主題ではないが，並木，林の中の木，宿り木，断崖に生えている木，刈り込まれた木，鉢植えの木，クリスマスの木などのほか，花の咲いた木，果実の実った木，鳥や昆虫のいる木，人が遊んでいる木，太陽・月・雲あるいは山・川などの自然とともに描かれた木など，さまざまな状態の木が描かれる。そのいくつかは後ほど取り上げるが，通常描かれない木については

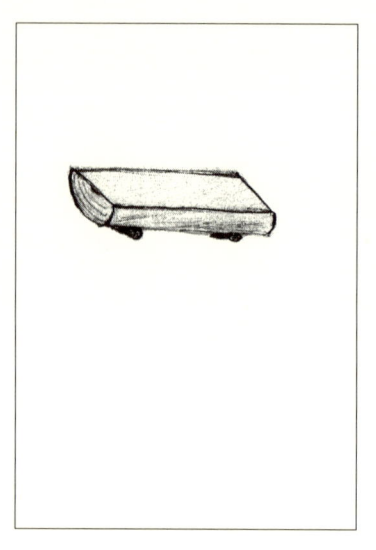

●図4-6

PDDで話しあうことが解釈上有益である。

2. 幹

　バック（Buck, 1948）やコッホ（Koch, 1957）は幹が自我強度（通常，現実検討力，現実感覚，防衛機制，パーソナリティの統合などを意味する）を表すと述べるが，ボーランダー（Bolander, 1977）は自我強度は木と空間や絵全体の印象から得られるといい，幹が情緒機能や生命エネルギーの流れる水路の状態を示すと述べている。いずれにせよ幹は木の中心として最も目立つ領域であり，自我の状態を示し，心的エネルギーを根から樹冠に流す通路であり，情緒状態を表しやすく，成長過程や過去の経験を示したりする。

(1) 幹の形態

　幹の形態は生命力や衝動など心的エネルギーの流れ方を表しやすい。したがって図4-7のような［幅を太く大きく描き，筆圧も強く描かれた幹］は，自信があり，環境に対し積極的に働きかけ，理性よりも感情に支配されがちで，

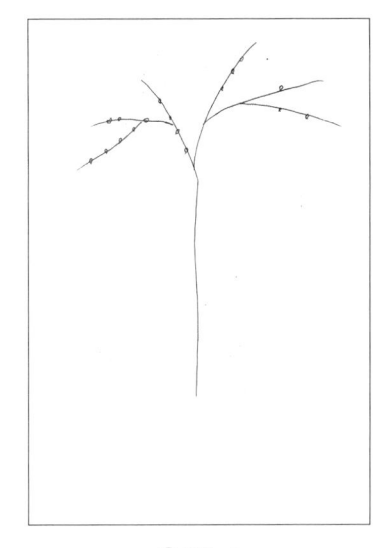

●図4-7   ●図4-8

支配的・攻撃的にふるまおうとする傾向を表している（ただし後述するが，図4-7は幹の上方に3か所傷跡のような部分があり，この人が最近，何かの経験をストレスとして受け取った可能性がある）。しかし時に，現実の日常行動が消極的で引っ込み思案な人が，力強く強調された幹を描くことで，自己の理想像を描いたり，自分を庇護してくれる重要な人物を象徴的に描いたり，抑制された攻撃性などを示したりもする。他方，[細い幹]は，無力感，抑うつ感，不適応感などを示す。また統合失調症の患者が描いた図4-8のような単線の幹は，その程度が強く，幼児や器質障害，知的障害のある人が描くことも多い。

　また幹は，成長過程の経験を表し，おおむね垂直の2本のラインで輪郭が描かれ，根元が太く樹冠のほうに伸びるにつれて，やや細くなり，バランスのある形で描かれることが多い。このような幹を描く人は，自分の衝動を適切に取り入れて，統制・表出でき，成長過程に大きな問題がないことを表している。しかし図4-9のような，幹の輪郭の右下方がくぼむように，[幹の輪郭に凹凸]が目立ったり，図4-10のように[幹が著しく湾曲したり蛇行]するのは，成長過程における不安・葛藤などの欲求不満や心的外傷となる経験の存在を表しやすい。

●図4-9

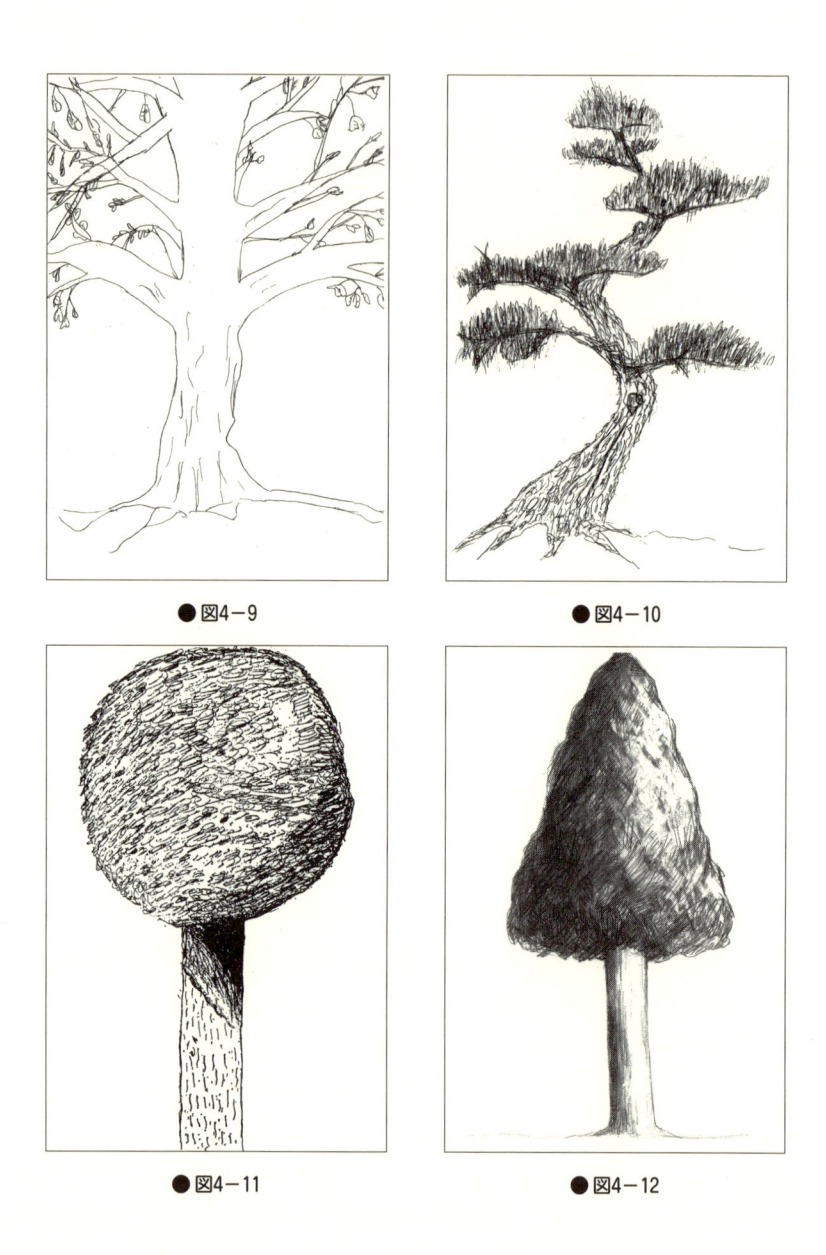

●図4-10

●図4-11

●図4-12

他方,幹の根元から樹冠まで,電柱のように［幅が変わらない幹］は,やや融通がきかず,感情表現に硬さがあり,うわべを飾ることを示している。図4－11と図4－12はこのような幹であるが,どちらも樹冠の領域が強調され,感情を理性で統制しており,知性や客観性を重視し,抽象能力をもつ可能性を示唆している。しかし図4－12は根元がややふくらみ,樹冠も円形でなく,外界への適応力や社会性が高いともいえる。

ボーランダー(Bolander, 1977)によると,幹の下方(根元部分)が著しく広くなっているのは,無意識の感情を見境なく受け入れ,幹の上方(樹冠に入った部分)が著しく広くなっているのは,理性に過度の感情を入れる傾向を示している。

(2) 幹の傾斜

ほとんどの人は上方に垂直に伸びた幹の木を描く。まれに描かれる上方が刈り込まれたように［水平方向に伸びる幹］は,外界からの圧力を感じたり,心的外傷を経験したりして,達成欲求を失い,おかれた環境に従おうとするあきらめの感情を表している。また図4－13のようなヤナギの木などを描き,幹

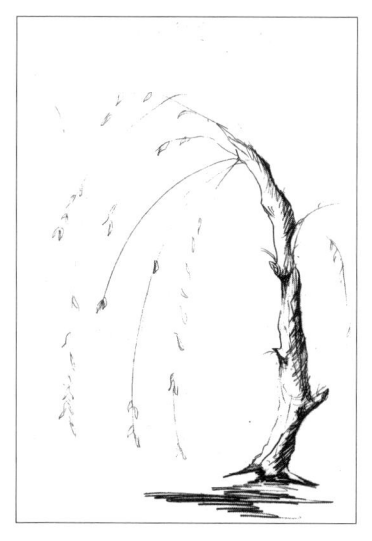

●図4－13

の上方が［水平から下向き］に描かれる場合も，達成欲求をもてず，現実場面から自分の世界（理性よりも感情の世界）に逃避する可能性がある。

　なお幹が左右いずれかに著しく傾斜している場合は，空間象徴と関連して，さまざまに意味づけられる。例えば［左側に極端に傾斜した幹］は，母性，女性性，過去，感情の影響を強く受け，抑圧の機制が強く，自己愛的で，内向的であることを示している。他方，［右側に極端に傾斜した幹］は，父性，男性性，客観的世界からの影響が強く，発散の心的機制が強かったり，外向的で社会に関心を抱き，合理性と積極性を重視し，活動的であったりする。

(3) 分離した幹

　木の幹は自然の状態においては成長して先が1本になっている。これが統合失調症の患者の描いた図4-14のように，幹の両側のラインがそれぞれ上方に伸び，互いに結合しないまま，まるで幹の両側の線がそれぞれ独立した枝のように見える［分離した幹（上部の開いた幹）］を描く人がいる。これは，知性（理性）と感情のバランスを失ったり，自我の防衛が破れて衝動が外界に流れ出ていることを示している。

●図4-14

さらに幹に限らないが，樹木画を検討する時は，輪郭線のラインや筆圧に留意すべきである。第2章のラインや筆圧で述べたように，［強い筆圧で幹の輪郭を強調］する人は自己主張や活動性が高いことが多く，空想世界に満足を求める傾向を抑え，現実との接触を維持し，自分のパーソナリティの統合を維持しようとする。これに反し［弱い筆圧の薄い輪郭線］を描く人は，無気力で自己抑制的なことが多く，自我と現実との境界があいまいであったり，内的衝動や外界からの圧力を統制できないと感じたり，急性の不安を感じたりしている。さらに輪郭線が不連続であったり，破線で描かれたりする時も，弱い筆圧と同じような意味をもつので，描画の解釈においては形式分析を忘れてはならない。

3. 樹皮

樹皮は幹の輪郭線と同じように，外界との接触や他者との相互関係の仕方を表している。「できるだけ丁寧に」という教示にもかかわらず，ほとんど輪郭だけの木を描く人が，樹皮を空白のままにしていて，他に注目すべきサインがなければ，樹木画から得られる情報は少ないが，それ自体がとくに問題ではない。しかし多くの人は，樹皮を含め木になんらかのラインや陰影などを用いる。木の他の部分を吟味して描きながら，全く［空白の樹皮］とするのは，外界からの影響を気にしなかったり，自分を防衛しなかったり，感受性に乏しかったりする。

第2章の形式分析でふれた図2-2のように［樹皮全体を灰色に塗る］のは，不安，自信欠如，外界への過敏性などが疑える。また図2-3のように［樹皮をまっ黒に塗る］のは，自己防衛が強く，外界への緊張感を抱き，他者が自分の精神面に近づくのを拒否したり，敵意を抱いたりしていることを示している。

また樹幹全体ではなく，図4-15のように［樹皮の左側を陰影で強調する］のは，内向的で，空想に耽りやすく，過敏性を抑制することを示しがちであり，［樹皮の右側を強調する］のは，どちらかといえば外向的で，環境に適応しようとしているといわれる。

樹皮の陰影は外界への無意識の抵抗を示すが，陰影以外に樹皮を詳しく描くのは，外界との相互関係において自己を表さないで，外界の影響を避けようと

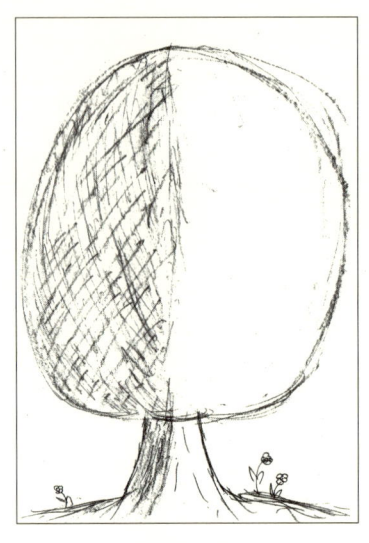

● 図4-15

する意識的な抵抗を示し，時には強迫傾向を示したりもする。［樹皮の垂直線を強調］して描く（図4-16はこれに近い）のは，自己を守り，他者が自己に近づくのを防ごうとすることを示し，図4-17のように［角張って，荒く，うろこ状の樹皮］は，幼少期の外傷体験による欲求不満があったり，自己防衛が強く，外界への警戒心をもっていることが多い。これと反対に［樹皮のラインが丸く，やわらかく］描かれている（図4-18はこれに近い）のは自己を防衛するにしても，他者との接触を円滑にし，外界に順応しようとすることを表している。

4. 幹の傷跡・節穴・うろ

木の幹には，図4-19や図4-26のような［傷跡（scar）］や［節穴］，時には［うろ］（図4-20のように，かなり大きな穴）が描かれたりする。これらは，過去の心理的・身体的外傷体験を表すことが多く，描いた人がその体験を思い出せる場合が多いようである。しかし傷跡に見えるものを描いて，性への関心を示したり，子宮や体内を表して母性性や家庭を象徴することもある。と

第 4 章 樹木画

● 図4−16

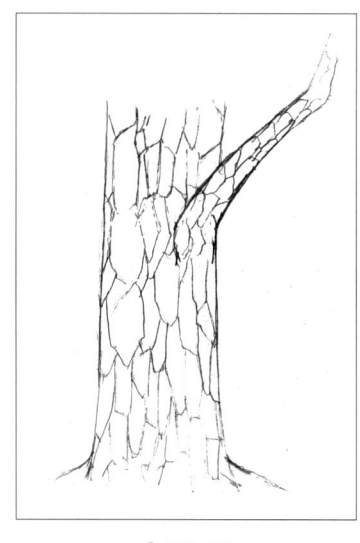

● 図4−17   ● 図4−18

75

●図4−19　　　　　　　　　　　●図4−20

くに図4−20のように，［うろの中に動物がいる］絵は子どもによって描かれ，安全を求める欲求を示すことが多いが，青年期以後の人がうろと動物を描くことは，退行した心理状態を示し，自分を動物と同一視し，安全を求め，引きこもりの傾向を表しやすい。また幹から出た［枝などを切り取った跡］（図4−10参照）を描くのも，傷跡と同じような意味を有することが多い。なお傷跡というよりも，［汚れ］や［しみ］を描くのは，客観的な洞察力，適切な感受性を示したり，不安の存在を表したりするので，全体的評価や他のサインとの関連によって推察すべきである。

　樹木画の研究者の中には，傷跡や節穴やうろが幹のどの辺りに見られるかによって，節穴などが表す心的外傷を受けた年齢を明らかにしようとして，さまざまな計算式を述べている者もいる。これは木の下方が描いた人の過去を表し，上方が描いた人の現在を表すという考えに基づき，下方から傷跡までの距離（心的外傷時の年齢）と，下方から上方までの距離（描いた人の年齢）を計測し，この比率との関係で，外傷体験の生じた年齢を推察する方法である。しかし研究者によって，木の上方や下方のどの点を基準とするかなどの見解は異なり，ここで詳しくは述べないが，幹の下方にあるほど幼少期の外傷体験を表す

可能性があるといえる。

5. 樹冠

　木の幹の上部は，分かれた枝や葉の茂み，時には輪郭線などによって樹冠として描かれる。ボーランダー（Bolander, 1977）によると，樹冠は描いた人が他者とエネルギーを交流する性質や程度を表していて，幹が感情を象徴するのに対し，樹冠は理性や知性や思考の働きを象徴し，その人の目標を示している。

　樹冠を解釈するには，幹の長さと樹冠の大きさの比較が大切である。例えば6歳児が描いた図4-21のように幹が長く樹冠が小さい木は，子どもの描く木によく見られる。これに対し19歳の女性が描いた図4-22のように，樹冠が大きく幹が短い木は，青年期によく見られる。したがって青年期以後の人が，［樹冠が小さく幹が著しく長い木］を描けば，他のサインとの関係によることは当然であるが，退行し依存的な状態や，理性や思考で感情を統制できない心理的未成熟を示唆する。

　他方，［樹冠を大きく］描くのは，知性を重視したり，自信や大望をもって

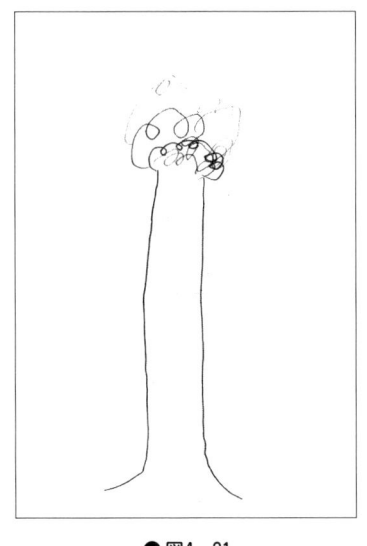

●図4-21　　　　　　　　　　●図4-22

いたり，何かに没頭しがちであったりすることを示す。しかし同じように大きな樹冠であっても，著しく細い幹の場合は，無力感などを示し，自分の目標や考えを達成する心的エネルギーの不足による不安定な状態を示唆したりする。

多くの人は，形や陰影などによって左右のバランスがとれた樹冠を描き，自己を正しく評価し，適切な自尊心と理性と目標をもち，心が安定していることを示している。なかには左側が大きかったり，図4-15のように陰影などで強調されることがあるが，これは内向的で思慮深かったり，些細なことを気にすることが多い。反対に右側の強調は，外向的で，自信家であったり，注意力に欠けるようである。また上から押しつぶされたように上部が平たくなった樹冠は，外界の圧力により，自分の目標達成や発展が妨げられ，希望を失ったことを伝えている。図4-23は抑うつ状態にある統合失調症の患者が描いた木であり，この傾向を示している。

樹冠の輪郭として，よく見られるのは雲や綿菓子のような形であり，外界と調和し，常識にそって適応した生活を送る人が描くことが多い。しかし樹冠の輪郭が柔らかい印象を与えても，突起状の枝が多く描かれた枝は，敵意や攻撃性の表出を抑制したり，罪悪感を感じている可能性があり，各サインの意味を

●図4-23　　　　　　　　　●図4-24

●図4-25　　　　　　　　　●図4-26

推測する時は，他の情報を考慮すべきことはいうまでもない。そして，二等辺三角形のように樹冠が直線で角張った印象を与えるのは，精神生活のために感情を抑制しすぎたり，要求水準が高かったり，非社交的であったりする傾向が強い。また図4-24のような［両側が下方に垂れ，幹にかぶさる樹冠］は，意志が弱く，決断が遅く，感情に動かされやすいことを表す。なお図4-24の樹冠はやや［同心円状］に描かれているが，これがより明白に強調されると，自己中心的で，引きこもり傾向を示唆することが多い。

　また図4-25のように，［いくつかの茂みを伴う樹冠］は，いくつかの達成目標をもっていたり，自分の意図を隠したり，用心深く外界と接触するなどを表している。図4-26のように，樹冠の下に［樹冠から離れた枝］が不つりあいに出ている絵は子どもにはかなり見られるが，成人の場合は，退行傾向や，状況に合わないことを行う可能性を示している。

6. 根

　根は木全体へのエネルギーを供給するとともに，大地に根づき樹木を支える

領域である。したがって根は，無意識の衝動・欲求・能力の状態，現実との接触の仕方，描いた人の過去を表したりする。

多くの人は幹の根元が地面にふれる辺りを幅広く描いたり，陰影を用いたり，地面の上に表れている根を分化した状態に描き，現実との接触に安定を示し，自分の衝動などの心的エネルギーを適切に処理していることを表している。しかし根に過度にこだわり，他の部分以上に修飾して描くことは，時に性衝動や攻撃性などの心的エネルギーが強すぎたり，不安全感が強かったり，幼少期になんらかの問題を経験している可能性を示している。

例えば図4-27のように，地面の中の根を透かしたように描くことも時に見られる。これは第2章で述べた透明性であり，子どもや精神障害者などに見られ，現実検討力の欠如を示している。しかし図4-27の木を描いた人は描きながら「本当は木の根は見えませんが，描いておきます」といい，PDDで，「教示から木のすべてを描くようにと思って描いた」と話していた。この人の場合，完全癖の強迫傾向を示しているのであろうが，心的エネルギーや衝動性が強い可能性もある。地面の上に表れた根であっても，［大きすぎる根］は，心的エネルギーが強すぎ，［右側への根の強調］は，父性や男性性への関

●図4-27　　　　　　　　　　●図4-28

心を示すか，現実との接触に不安感を抱く可能性もある。さらに［地面に食い込む大きな爪のような根］（図4-28）は，現実から離れる怖れや，外界への攻撃的態度を示したりする。

7. 地面の線

　第2章の15.において述べたように，HTPPテストにおいて根に関連する地面の線を描くことは，樹木画に最も多く見られる。既述のように，地面の線を［過度に強調］するのは，不安感や，依存欲求が強かったりすることを表す。他方，地面の線を［描かない］ことが問題であるとはとくにいえないが，木の描かれた位置や他のサインとの関係から，足が地についていない不安定感を表すことがある。

　多くの人の地面の線は水平に描かれるが，図4-29や図4-14のように，時に幹の根元と根が，地面の線に連続して描かれる。ボーランダー（Bolander, 1977）はこれを，「無意識や衝動に支配され不安定になりそうな自分に気づき，心の平衡を保とうと努力している」と述べているが，これを，物事を客観的に捉えられないとか，自意識を欠くことを表すという研究者も見られる。また［弓状の丘のような地面の線（図4-3はこれに近い）を，とくに小さいサイズの木に描く］時は，孤立感や無力感を抱き，自分を保護する女性的対象を求めている可能性がある。しかし［大きく力強い印象を与える木に描く］場合は，自己の存在の誇示，達成欲求，自己顕示を示していることが考えられる。

　さらに［傾斜した地面の線］を描く場合は，不安定感を抱いたり，外界に順応できないことを示す。図4-30のように左のほうが高く，［右のほうが低く傾斜］した地面は，未来を危険と感じ過去へ退行したり，自分の拠り所となる現在が壊れそうな不安を表している。他方，右のほうが高く，［左のほうが低い傾斜］した地面は，未来に期待をもったり，現実を肯定し希望を抱いているという研究者が多い。

　また地面の線を描くかわりに，［用紙の下を地面の線とみなす］ように，用紙の最も下方の縁から木を描くことがある。このような場合は，不安定な気持ちを解消しようとしていたり，抑うつ的な感情を示すことが多い。

●図4-29　　　　　　　　　●図4-30

8. 枝

　木の枝は樹冠に含まれるので，樹冠や茂みが描かれ，枝を描かないことも多い。ボーランダー（Bolander, 1977）によると，枝は外界から受けたエネルギーと，根・幹を通じて樹冠に分けられるエネルギーの通路である。枝は通常，描いた人の目標や理想の方向，他者との相互作用，自分の可能性についての見方などを表している。

　枝は幹の大きさとつりあいがとられ，幹から分かれた2本線で輪郭の描かれた太い枝がしだいに細く分かれ，先のほうが単線で描かれたり，単線の枝なしに図4-16のように樹冠に結合したりする。このような枝は内的エネルギーを知的な働きや外界との関係に適切に用い，外界からのエネルギーを自己に適切に取り入れることを表し，外界と調和し，自分と環境との関係に満足できることを示している。しかし図4-1や図4-27のように，［枝の端が鋭くとがり，槍のように描かれている］場合は，感受性の強さや抑制された敵意や攻撃衝動を表していることが多い。また図4-31のように，［幹からただちに単線の枝が出ている］ように描かれることもあるが，これは心理的に退行し，

知的な障害を示す可能性を表す。とくに図4-8のように［幹も枝も単線で描かれた木］は，自我が弱く，著しく退行し，無力感や不適応感を抱いていることが多い。

　多くの枝は湾曲したり，不ぞろいであったりするが，図4-31のような紋切り型で［左右対称の枝］を描く場合は，可塑性のない硬いパーソナリティで視野が狭く，自己表現力に欠け，外界との交流が適切でなかったり，物事を体系づけようとする強迫性を表している。また図4-31は支柱によって支えられた木でもあり，［支柱のある木］は，通常，不安定感，自主性の欠如などにも関係する。この木は統合失調症の患者が描いた樹木画であり，さまざまな特徴が見られ，これらを統合することでこの患者のパーソナリティの特徴を推察することができる。枝の描き方として，枝の元から端までが同じ太さであったり，端にいくほど太くなる枝が描かれたりもする。これらは，無思慮，外向性，敵意などを表しやすい。一般に現実と空想の両面において満足している人は，やや［上向きに伸びる枝］を描くが，これを強調した枝は，達成動機の高さ，空想に耽る傾向を示すことがある。これに反し［垂れ下がった枝］を描く場合は，外界の影響を受けやすく，自主性や抵抗力の欠如，抑うつ気分を表したり

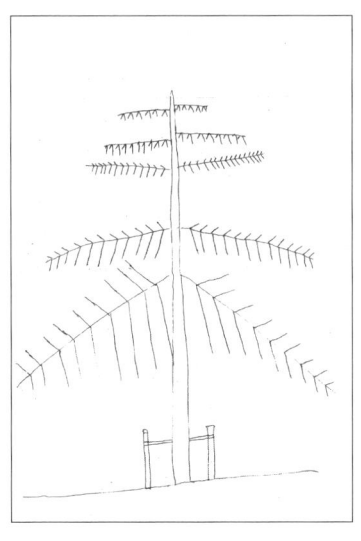

●図4-31

もする。さらに図4-1のように［枝の一部が枯れて垂れ下がった木］は，外傷体験，違和感，無力感，受動性を示し，時には性的能力の低さに悩むことを表したりする。

また図4-10の幹の下方に見られるように，［立体的に前方に突き出た枝］は，慣習にとらわれない独創性や高い知能，非社交性やわがままな性質を表すともいわれ，図4-10のように［切り取られている枝］は，上述の傾向が抑制されていることを示したり，幹の傷跡と同じような心的外傷の存在を示したりもする。さらに幹の［右側の枝を著しく強調］する場合は，情緒的満足よりも，知的なことに満足を得ようとし，［左側の枝を著しく強調］する場合は，情緒的満足を強く求める傾向がある。いずれにせよ，幹の片側の枝を強調しすぎる絵は，精神の安定性を失った人に多く見られる。

9. 葉，花，実が描かれた木

葉は木の内部と外界との緩衝領域であり，外界から自己への影響を選択したり，自分の外見や装飾への関心を表している。葉をとくに丁寧に描いたり，大きく描いたりする人もいるが，正確な形ではなく，単なる陰影や円形としても描かれる。［葉］は，他者に是認されたい欲求，自己を隠し外見を飾りたい欲求，きちょうめんさ，観察力，完全を求める強迫傾向などを表す。さらに［木から落ちていく葉］は，感受性が強く，外界からの圧力によって自己の統制力を失っていることを示唆するが，他のサインとの関係で，他者に注目されたい欲求を表すこともある。

木に［花］を描くことは少ないが，外面的な体裁を重んじて，外見をよく見せようとしたり，自己讃美の表現であることが多い。なおボーランダー（Bolander, 1977）によると，木の根元を隠すように花や草を地面に描く（図4-15）場合は，自分自身の衝動を隠し，環境と妥協したり，木に表れる無意識の欲求を他者に気づかれないように防衛していることが考えられる。

また［実］のなっている木を，子どもが描いた場合は，依存欲求の強さ，持続性の欠如を表し，成人が描いた場合は，未成熟，自分の能力の誇示，達成感，子どもへの関心などを表しやすい。［木から落ちた実］や，［実が落ちていく

木］を描く場合は，自分が拒否されている感覚，何かをあきらめて放棄した経験，失敗感を象徴したりする。

10. 太陽，月，風などの自然との関係

　子どもが描く樹木画には，［太陽］が描かれることが多い。一般に太陽は権威像を象徴するので，子どもが太陽を描くことは権威像である父親など重要な人物（significant person）から影響を受けていることを示すが，成人が太陽を描くことは少なく，その場合は心理的未成熟を表している。また木と太陽の間に［雲］を描くことは，重要な人物との関係に不満足感を抱いていることを表し，太陽に届くように描かれた枝は，愛情欲求が満たされず，重要な人物からの温かさや支持を求めていることを示す。

　［月］や［星］を木の背景に描くこともまれに見られるが，この場合母性像への関係が示されやすい。さらに［風雨］などによって動かされている木は，挫折感の原因を他者に帰属させ，外界からの圧力を感じていることを表す。

　また山や川など［自然の風景］とともに木を描くのは，空想力があり，豊かな感情をもつ人に多いが，現実的・積極的に行動しない側面が見られたりする。

11. 特殊な木

　樹木画においては，木に［巣箱］を描いたり，小鳥，ウサギ，リス，ヘビなどのほか，セミ，カブトムシなどの昆虫やミノムシなど，さまざまな［小動物］を付加することも多い。これらは子どもの描く木によく見られるが，成人が描く時は退行した状態や心理的未成熟を表すと考えられる。このような樹木画は，描いた人が木よりも付加された小動物や事物に自己を同一化していることが多いが，子どもの身近にある関心のある対象としてあまり深い意味がない場合もあり，十分な検討が望ましい。

　また樹木画において，［幹の一部分］だけや，［花生けに入れられた小さい木］を描いたりすることは，洞察力の欠如，抑制された敵意を表す可能性がある。図4-31のような［支柱のある木］や，［植木鉢や盆栽の木］を描いたり

する場合は，不安定感，自主性の欠如，支持や庇護の欲求を伝えている。

さらに木の種類として，描かれることが少ないヤナギ，ヤシ，タケなどの木も，描く人にとって特別な意味を有することが多く，PDDで話しあうことが望ましい。このうち［ヤナギ］（図4-13参照）は，幹が上に伸びないで下方に垂れることから，ヤナギを描く人は，既述のように達成欲求をもてず，知性よりも感情を重視し，現実場面から離れて自分の世界に住もうとし，自己主張よりも内向的で引きこもりがちな傾向を示唆する可能性がある。また［タケ］は，現実からの逃避や，慎み深さを示すことがあり，樹木がもつ一般的な象徴的意味以外にPDDを行うことで，特定の木について描いた人が抱く意味を推察することが望ましい。

12. その他

サイズは形式分析に該当するが，HTPPテストの課題の中で，通常，樹木画が最も大きく描かれる。既述のように，［大きいサイズ］の木は，自己顕示や自己拡大の欲求を，［小さいサイズ］の木は，劣等感や無力感を抱き，引きこもりがちな傾向を表したりする。またサイズが大きく，木の［一部が用紙からはみ出し，木が切断された印象］を与える絵も樹木画には多く，とくに青年期前期の人に多く見られる。これは，強い精神的エネルギー，洞察力の不足，生活空間からの逸脱や回避，攻撃性などと関連し，木のどの部分が用紙のどの方向で切断されているかにより意味が異なる。その他，詳細については，筆者らの『樹木画テスト』（高橋・高橋，1986/2010）などを参照していただきたい。

第5章 人物画

Person

　描画テストの中で最もよく研究されているのは人物画である。第1章で述べたように、とくに子どもの描いた人物画と、知能水準や性格特徴との関連性を研究した論文はきわめて多い。しかし本書では子どもの人物画も含むが、青年期以後の人物画に重点をおくことにしたい。人物画は家屋画や樹木画の課題よりも自己や身近な人を連想させるので、描く人が警戒心を抱き、自己防衛の態度を強めることがある。その結果、家屋画や樹木画は抵抗なく描きながら、人物画を描くのをためらったり、描き始めるまでの時間が長くなったり、抽象的な人を描いたりする人もいる。このような人は、無意識のうちに自己像を隠そうとしたり、明確な自己像が形成されていなかったり、人間関係になんらかの問題を有していることなどが考えられる。

　人物画を解釈する時も図1-7（22頁）の描画像の図式により、描かれた人物が自己像、重要な人物像、人間一般の像のいずれをより強く表しているかを考慮することが望ましい。ただしコミュニケーションの手段としての描画は、言葉と異なり多義性を有するため、同じ絵の中にさまざまな意味を同時に表現している可能性があることを忘れてはならない。なお本書は入門書としての立場から必要な解釈を述べるにとどめるので、詳しいことは筆者らの『人物画テスト』（高橋・高橋，1991/2010）を参照していただきたい。

　描画像の図式に関連するが、人物画に表現された自己の現実像（描いた人と同性のことが多い）は、なんらかの点で自分自身の心理的あるいは身体的な姿を表しやすい。例えば、対象者の描いた人物画が対象者自身を写した写真に類似していたり、身体障害のある人の人物画に直接的・間接的に身体障害の存在

が図示されているという報告は，このことを表している。また弱い筆圧で下を向き椅子に寄りかかっている人物を描いた人が，現在，自分を無意味で依存的な性格だと感じているなど，心理的な状態を絵に表すこともある。いずれにせよ，人物画は描いた人の過去・現在を含む現実像を表すことが多いため，描いた人が自己の心理的・身体的状態をどのように認知しているかを推察できる。

さらに描画像の図式にもあるように，人物画は描いた人の現実像だけではなく，心理的あるいは身体的に，このようにありたいと望む理想像（時には未来に関する不安像）もまた表現される。例えば，内気で引きこもりがちの青年が，アメリカン・フットボールの選手を大きく描き，身体的理想像を示すなどである。さらに若い女性が，流行のファッションを身にまとったスタイルのよい女性像を描くのは，彼女の身体的理想像を表している。また，帽子をかぶり後ろ向きに座った人物を描く人が，その人の性格特徴だけでなく，未来への不安を示したりすることもある。人物画の解釈においては，それが自己像を表すとすれば，心理的・身体的な現実像と理想像のいずれを強調するかを，さまざまな側面から推測し検討すべきであり，他の課題の絵と同じように，描画後の対話（PDD）が欠かせない。

また人物画は自己像だけではなく，描く人にとって重要な人物（significant person）を表すことがある。重要な人物とは，肯定的にせよ否定的にせよ，描いた人に影響力をもつ存在であり，描く人が最も好意を抱いていたり，憎悪していたり，強い両値的感情を抱いたりする人物である。子どもの生活においては両親が重要な人物であるため，人物画には自分の親がしばしば描かれる。子どもは自分が感じた親の態度や親への感情を人物画に図示的に描いたり，自分を親に同一化して，行動様式のモデルとしての親を描いたりする。青年期以後であっても，父親，母親，教師，上司，治療者，特定の友人など，さまざまな人が意味のある重要な存在として描かれる。

さらに，描いた人が自分の生活する社会の人間一般をどのように認知しているかを表すこともある。これは重要な人物が般化されて形成されることもあるが，その社会の多くの人が肯定したり，否定したりする人物像として「世の中の人は」「男性は」「女性は」という人物画を描くことがある。このことに注目したデニス（Dennis, 1966）は，「子どもは通常，自分の尊敬する男性や，そ

の社会において好ましいとされている男性を描く」という仮説をたて，ある社会の子どもが描いた男性像から，その社会が有する価値観を明らかにしようと試みたこともある。

1. 最初に描く人物の性

　多くの人は人物画を描く時，自分と同性の像を最初に描きがちである。しかし青年は異性像を先に描くことも多く，筆者らの1991年の資料によると，青年期の男性の6.0%と女性の24.8%は異性像を先に描いている。したがって青年期の女性が異性像を最初に描くことが，青年期の男性よりも多いことを念頭におく必要がある。他方，幼稚園児で最初に異性像を描くのは，女児よりも男児に多く，母親像を描いていると考えられる。人物画において異性像を最初に描くことは，重要な人物が異性であり（異性の親，配偶者，教師，恋人など）その人への感情を示したり，異性全体への関心が強かったり，性の同一化に混乱があって，自分の性的役割を受け入れにくいことなどを示す。なお人物画が図示的に伝える意味については，描かれた絵が自己像を表すとして説明してあることが多いが，描いた人にとって他者像を表す場合があることは言うまでもない。

　これまでの多くの人物画の研究では，最初に異性像を描く人は，性犯罪，アルコール依存症，薬物依存症，精神障害などに関連するという報告が多いが，1対1対応でこのような結論を出すことは不可能である。

　なお人物画を描く時に，「男性と女性のどちらを描くのですか」と尋ねる人は，あいまいな状況に不安を抱きがちであり，異性への関心や，自分の性的役割の不明確さなどを示すことがある。

2. 人物画のサイズ

　第2章の形式分析で述べたように，絵のサイズは描いた人の自尊心や活動性などと関連する。人物画を描く人の約半数は，自分の性別に関係なく，男性像と女性像をほぼ同じサイズで描いている。残りの半数は描く人の性別に関係

なく，男性像を女性像よりも大きく描きがちであり，とくに男性の対象者は男性像を大きく描く傾向がある。この理由として，通常，男性の身体が女性よりも大きいからとも考えられるが，現在のわが国の文化が今もなお男性優位の社会構造をもつ影響の可能性もあると思われる。

異性像のサイズを同性像よりも大きくあるいは小さく描くのは，描いた人がなんらかの意味で性的役割についての不安や葛藤をもつ可能性もある。例えば，［女性の対象者が女性像を著しく大きく描く］ことで，男性への拮抗感を示したり，重要な人物としての母親を象徴したり，父親よりも母親が家族を支配していることを表したりする。

3. 漫画的な人物と抽象的な人物

人物画においては，漫画的な人物を描いたり，「へのへのもへじ」の顔を描いたり，図5-1(健常成人の描いた人物)や図5-2（統合失調症の患者の描いた人物）のような棒状の絵（スティック画）を描く人は，HTPPテストの他の課題よりも多い。この場合は再テストを行うか，他の心理テストから必要な情報を得るべきである。とくにHTPPテストを集団テストとして実施する場合，このような人物画が生じやすいため，あらかじめ注意をしておく必要がある。

いずれにせよ［漫画的な人物］を描いたり，図5-3のように［輪郭だけの人物］を描くのは，テストに対する自己防衛的な態度を示すこともあれば，人間関係に不安感を抱いたり，自己概念が形成されず，他者への敵意や，人間関係の回避を表す可能性もある。時に同性の人物か異性の人物の一方のみを，漫画的・抽象的に描く場合もあり，これはとくに自己の姿を表したくない人や，異性への関心を偽装したり，異性への拒否的態度を示したりする人に見られる。

4. 性差の表現

HTPPテストでは描かれた人物画の順序を別にして，同性像と異性像の課題が描かれるため，解釈においては，描かれた人物の性差の表現も検討すべきである。人物画の性差を明確に表現するには，性の同一化を確立し，性的役割を

第 5 章 人物画

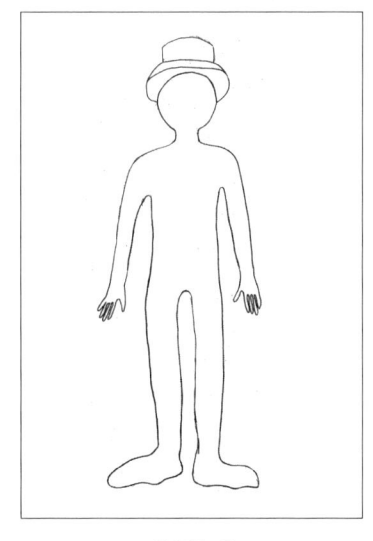

●図5−1

●図5−2

●図5−3

体験として認知することが必要である。筆者の調査でも，5歳ぐらいまでの子どもは，言葉として男女の性別を話せても，性的役割が十分に認知されていないためか，男性像と女性像の性差の表現があいまいで，両者を区別しにくい絵が描かれたりする。成人であっても，精神的・性的発達が遅れていたり，未成熟な段階に退行したり，知的障害や精神障害のある人では，人物画の性差の表現が不十分なことが多い。

　性差の表現の程度は，研究者によって5段階あるいは4段階に分けられ，年齢による変化の状態を調べたり，不適応状態にある人がどの段階の表現をするかなどが検討されている。例えば性差の表現を，7歳から12歳までの男児と女児が描いた人物画について検討すると，7歳から10歳までは，女児のほうが男児よりも性差を明確に表現し，11歳では男児と女児の間に差異がなく，12歳では再び女児のほうが性差を明確に描くという報告もある。このことから同年齢の男児と女児では，女児のほうが性的役割を早く意識すると考えられる。なお筆者はおもにハワースとノーミントン（Haworth & Normington, 1961）が作成した性差の表現の尺度を参考にして，次の5段階に分けている。

【第1段階】
　全く性差が不明の絵であり，幼児や知的障害者に生じやすい。
【第2段階】
　少し性差が表現されている絵である。例えば毛髪の長短，パンツとスカートの差のみが性差となっている場合などである。裸体の時は，毛髪の長短，乳房の有無，体つきのわずかな差異のみが見られる。4歳児が描いた図5-4の男性像（父親）と図5-5の女性像（母親）は第1段階に近いが，男性像にひげを描いているので第2段階といえる。
【第3段階】
　かなり性差が認められ，男女の性差を示す箇所が第2段階よりも多く表現され，次の第4段階ほど多くない絵である。男女の表情，毛髪の形，体つきの差が，第2段階の性差に加えて描かれると，第3段階の絵となる。
【第4段階】
　この段階と次の第5段階は，性差が明白に認められる絵であり，第4段階

●図5-4　　　　　　　　　　　　●図5-5

は男性像か女性像の片方だけが，とくにその性を表すように分化して描かれる絵である。この段階では，人物の表情，目つき，まゆの形，まつげ，唇の形，ひげなどが注目され，肩，胸，腰，尻，足に性差が描かれ，男性的な動きや女性的な動作が示される。また衣服も区別され，職業を示す服装のほか，ファッションやデザイン，ネクタイ，帽子，アクセサリーや持ち物にも性差が表現されている。これらのすべてが表現されることは少ないが，これらのいくつかが描かれると，第4段階となる。

【第5段階】

性差の詳細さの基準は第4段階と同じであるが，男性像と女性像のいずれもが，それぞれの性を判定されるように分化している場合が第5段階である。なお，性差の表現の程度を判定する時，描画の巧拙にとらわれないで，詳細さに注目しなければならない。図5-6と図5-7は統合失調症の患者の描いた人物画であるが，第5段階といえる。

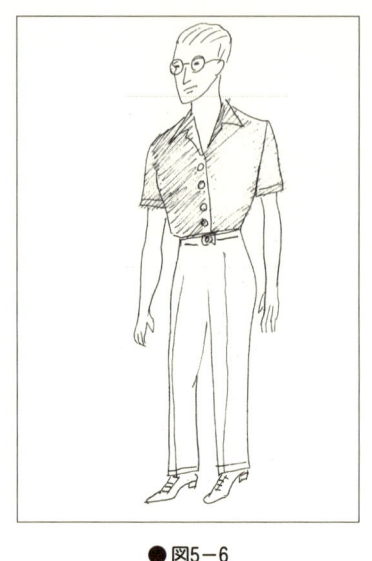

● 図5-6　　　　　　　　　　● 図5-7

5. 主題

　人物画で描かれる主題として，幼い子どもは母親と父親を描き，小・中学生が友人を描きやすい傾向があるものの，描く人の年齢，生活環境，関心によって，人物画の主題はかなり異なる。なかには幽霊や武士を描いたり，外国人を描く人もいる。通常描かれない人物画も，描いた人のパーソナリティを投映しており，描画像の図式（図1-7）を参考にして，描かれた人物画がどのような意味をもつかを理解するためのPDDを行うことが望ましい。例えば幽霊や武士を描いた人が，妄想を抱くこともあれば，現実の人間関係の回避を示すこともある。

　人物画には，通常，衣服を着けた人が描かれるが，図5-8のように衣服に注目して描く人と，図5-9のように身体の状態に注目して描く人が見られる。前者は表面的な姿によって社会的に認められようとしがちで，後者は自己愛が強く空想に耽りやすい可能性がある。しかし図5-10のように［裸体の人物］を描くことは少ないが，美術に関心を抱いたり，心理療法を受けている人を別にして，性的関心や葛藤，自分や他者の身体への強い関心，自己愛，社会規範

第 5 章 人物画

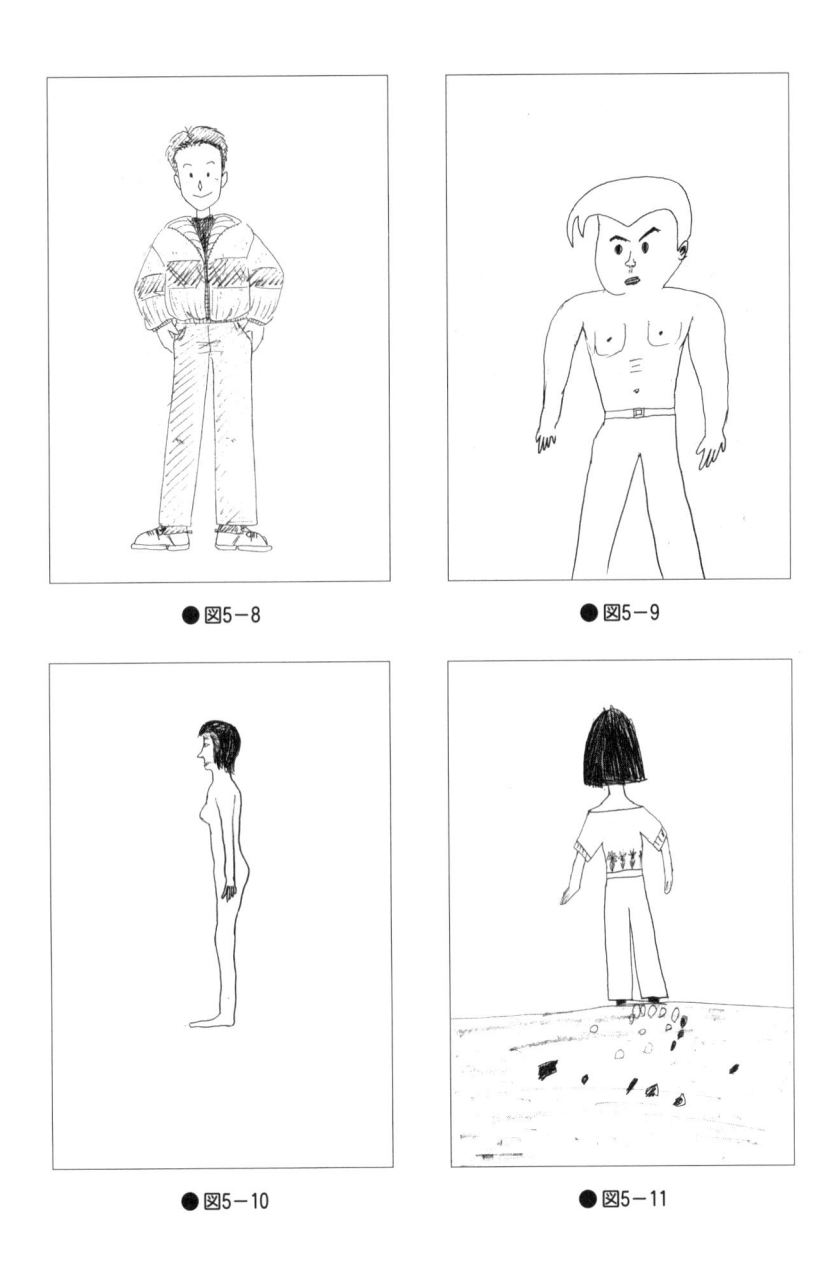

●図5-8

●図5-9

●図5-10

●図5-11

95

の無視などを表している。またまれに［裸体の人物の性器］を描くことが見られ，この場合は，社会規範からの著しい逸脱，外界への反抗や挑戦的態度を示している。

なお形式分析で述べたように，描かれることが多い［正面向きの人物画］は，率直さ，適切な自己表出，他者の受容などを表すが，時に，可塑性の欠如に関連したりもする。

図5-10のように完全な［横向きの人物画］（裸体が描かれることは少ない）は，人間関係の回避，警戒心，引きこもりの傾向を示しやすい。さらに図5-11のように［後ろ向きの人物画］はこの傾向が強く，人間関係を拒否しがちなことを表す。しかし健康な青年が自分と同じ性の人物を正面向きに，異性の人だけを後ろ向きに描くことがある。これは，異性への関心の抑制や，異性に自分の姿を示したくないという防衛的・逃避的態度を示すようである。

さらに主題とも関連する運動（図5-12）として［スポーツ（積極的運動）をしている人物画］がよく描かれる。これは，スポーツへの関心，明るい気分で活動を好む傾向，達成欲求を示すことが多いが，時に，自己顕示や，対人関係を競争の場と見ている可能性もある。他方，椅子にもたれたり，杖に寄りか

● 図5-12

かるなど［消極的運動をしている人物画］を描く人もいる。消極的運動は，心的エネルギー水準が低く，疲労感を示したり，不適切感や，依存傾向を表すことが多い。

6. 顔

　顔は身体の中で最も目立ち，他者とのコミュニケーションの中心となる部分であり，外界からの刺激や情報などを受け取り処理する目・鼻・口・耳などの器官や，理性や知力で反応する頭部により構成されている。人物画を描く時，ほとんどの人は最初に顔の輪郭を描いてから目・鼻・口など顔を構成する部分を描くが，［輪郭を最後に描く人］は，他者との情緒的交流を好まない可能性もある。また［顔を最後に描く人］は，人間関係に過敏か，回避的であったり，自分の知力や統制力に自信がなかったり，他者への猜疑心を抱いていたり，自己概念が十分に形成されていないことを示しがちである。

　筆者らの調査によると，わが国の成人はだいたい6頭身に近い人を，幼児は4頭身に近い人を描いている。これを大まかな基準として人物画の顔（頭を含む）を，［過度に大きく描く］のは，知性や理性，あるいは人間関係の重視を意味し，アーバン（Urban, 1963）は空想に満足することを表すといい，マッコーバー（Machover, 1949）は，大きく描かれた頭の性の人が，知的で社会的に権威をもつと認知されていると述べている。しかし他のサインとの関係から，むしろ知的劣等感や，自己中心的で人間関係の回避を象徴したりもする。

　他方，頭を含めて顔を［過度に小さく描く］ことは，知的劣等感を示すとアーバン（Urban, 1963）は述べるが，無力感や自分にとって苦痛となる衝動の否定を示すという研究者もいる。筆者らはだいたい8頭身以上の顔を，小さい頭と見ている。なお思春期の女性が描く顔の小さい女性像は，彼女たちが理想とするスタイルのよさを表す場合が多い。

　さらに顔の描き方から受ける表情の印象は，描く人自身が自己や他者をどのように認知して接しているかを表すことが多い。検査者が人物画の全体的評価で受ける印象には，顔の表情から得られるものも含まれるので，描かれた顔の表情に，愛情，好意，明るさ，内気，敵意，猜疑心，反抗，暗さなどが表現さ

れているかどうかを観察すべきである。例えば，描かれた人物の手が握りこぶしをつくっていたり，ピストルを持つなどの敵意を表していても，表情に怒りや敵意が感じられなかったり，温和な印象である時は，人間関係でのあつれきを避けて，敵意を抑圧している可能性がある。他の部分と比べて［表情を丁寧に吟味して描く］場合は，自分の外見や人間関係への関心が強かったり，敵意などの不適切な感情を抑圧していることが考えられる。

これに反し，［表情の感じられない顔を描く］場合は，人間関係を表面的に処理し，他者に警戒的であったり，引きこもり傾向があったりする。また人物画のどちらか一方だけに表情を描いた場合，描いた人が自分とは別の性別の人について，明確な考えを有していなかったり，なんらかの葛藤を抱いていたりすることがある。

とくに図5-13のように人物の他の部分を描き，目・鼻・口などを描かない［空白の顔］の絵は，自我同一性を確立できなかったり，性的同一化があいまいで，性的役割を確立していなかったり，他者と適切な人間関係がもてず，警戒心や逃避傾向が強いことを表している。

描く人によっては，鼻から唇にかけてのしわや額のしわを描くことが見られ

● 図5-13　　　　　　　● 図5-14

る。このように成熟を図示することによって，自己像として自分は情緒的にも成熟した大人だと思っているのか，そうありたいと望む理想像なのか，あるいは重要な人物をそのように眺めているのかの判断は，他のサインからの情報などが必要である。また額のしわは，頭に近いため知的な成熟に関連するともいわれている。

図5-14は非行少年が描いた顔に傷のある男性像で，自分にとって重要な人物を描いたようであるが，通常［顔の傷］は，心的外傷の存在，自尊心の欠如に関連している。

また顔の形を，［角張った顔］と［卵型の顔］に分け，前者が通常，男性性，支配欲求，権力追求などを示し，後者は，女性性，感受性，従属性を表すとか，額や後頭部をふくらませて大きく描いた横向きの顔は，描いた人が知的能力に関心を抱くことの象徴であるなどという研究者もいる。

7．目とまつげ

目は人間の内面を表す「心の窓」といわれるだけでなく，外界からの情報を取り入れる重要な器官である。したがって青年や成人が，［目を描かない］［閉じた目］［瞳のない輪郭だけの目］［単線の目］［黒点の目］などを描いている絵は，自己愛が強かったり，外界への敵意を抱いていたり，自分の空想世界に入っていたり，自発性を欠いていたり，想像された不快な対象を描くことへの拒否などを表している。なおコピッツ（Koppitz, 1968）は，他者に敵意をもつ子どもによって［寄り目］が描かれると述べている（図5-19参照）。

図5-15は恐喝を繰り返した非行少年が描いた女性像であり，図5-16は被害妄想を抱く人が描いた男性像である。このように［ふつりあいに大きい目］を描いたり，輪郭を強調したりすることは，外界への関心や好奇心，敵意や警戒心，猜疑心や被害感，不安感などを示している。また，［ふつりあいに小さい目］は外界からの刺激を回避し，単線の目などと同じように，自己愛が強かったり，社交性を欠いていたりする。

さらに図5-17のように帽子や眼鏡で［隠された目］も，不安な外界刺激からの回避，敵意，猜疑心などを示し，時に対人恐怖症の人が描いたりもする。

●図5−15

●図5−16

●図5−17

100

［まつげ］は通常，女性像に描かれ，女性らしさを示唆し，他者の注目を得ようとしたり，華美を求める人によって描かれやすい。まつげが男性像に描かれる時は，性的役割の混乱を示す可能性がある。

8. まゆげ

女性は，自己像のまゆげをよく整えて描きがちであり，描いた人が洗練された身なりを意識していることを反映する。［丁寧に描かれ整ったまゆげ］は，注意深さ，外界への配慮などを表し，［いい加減に描かれたまゆ毛］は，未成熟，粗野，抑制の欠如などを表すことが多い。描く人によっては，図5-18（統合失調症の患者の男性の絵）のように，怒りや驚きなどの感情や，他者への態度が推察できるような形や位置のまゆげを描くことが見られる。

幼い子どもを別にして，人物画に［まゆげを描かない］ことは，自己愛傾向，慣習の無視などを表すようである。

●図5-18

9. 鼻

　子どもが描く人物画では，図5-19（11歳の男児の絵）のように，鼻を強調して描く傾向が見られるが，一般的に，鼻は男根や権力を象徴すると考えられている。したがって，青年や成人が［鼻を描くのを省略］したり，ためらったり，［大きい鼻］を描く場合，力についての葛藤があり，権力や支配への欲求，無力感，性に関する葛藤や，去勢不安や不明確な性的役割などを暗示している。

　人物画の多くの鼻は「L字型」に描かれることが多いが，とくに鋭角が目立つ絵は，権力を求める攻撃性を示すこともある。また［かぎ鼻］や［幅広い鼻］などは，攻撃性，優越への欲求，活動性などを表し，［単線の鼻］［半円の鼻］［2つの点で示した鼻］［三角形の鼻］などは，幼児性，依存性，無力感を表す。さらに［鼻孔］や［小鼻］を強調して大きく描いた絵は，幼児的攻撃性，欲求不満，怒り，権威像への軽蔑などを示したりする。

●図5-19

10. 口と唇

　口は食物を受け取る受動性と，噛むという攻撃性の機能とともに，言葉により他者とコミュニケーションを行う器官でもあり，時には性的な意味をも象徴する。

　人物像に口を描かないことはまれであるが，［口がない絵］は，愛情欲求や依存欲求についての葛藤，他者とのコミュニケーションの回避による引きこもり傾向，攻撃衝動への罪悪感などを表している。［小さい口］も同じような意味を象徴するが，口がない絵よりもその程度が低いと考えられる。また，［大きい口］は，退行，心理的未成熟，愛情欲求や依存欲求，攻撃性などを表すようである。

　［単線で描いた口］は，受動的な形での，敵意，批判，怒りを示しやすく，［長い単線の口］は，強い敵意，攻撃性の抑制，他者に受容されない感じや，退行状態を示唆したりする。

　よく描かれる左右の端が上がった［半月型の口］の絵を描く人は，自分の感情を隠して表面的に微笑するという，外面を装った態度を示しやすい。

　また，口に関連する唇の絵で，［唇を丁寧に描いた絵］は，感受性，性的関心，依存欲求，自己愛，虚栄心などを表している。男性像にこのような唇を描く男性は，性的役割の混乱，女性への同一化，自己愛の強さを示している。また性的関心が強く，自己顕示の目立つ思春期の女性も唇を丁寧に描きやすい。

11. 歯と舌

　子どもは図5-19のように歯を描くことがあるが，成人が歯を描くことはまれである。［歯］は口唇嗜虐の心理機制に関連し，攻撃性，冷笑的態度，皮肉な態度，嗜虐性などを示している。

　［舌］が描かれることも少ないが，口唇的性愛，依存欲求を表すようである。

12. 耳

　外界からの情報を受け取る器官として，耳の機能は目よりも受動的である。女性は頭髪によって耳が隠されていることがあり，子どもは女性像に耳を描くことが少なく，成人でもヘアスタイルによっては耳を描かないことがある。耳は，他者の批判や見解への感受性や過敏性，外界への猜疑心や警戒心を表し，時には関係念慮を示したりもする（図5-2参照）。［耳を省略］したり［小さい耳］を描いた絵は，他者からの批判の無視，外界からの逃避などを表している。

13. 毛髪

　［頭髪］は性に関連した内容や，頭に象徴される理性などを表しやすく，［胸毛・ひげ・脇下の毛］は男性性や男性的衝動を表すと考えられる。
　人物像の頭髪はラインや陰影によって示されることが多く，頭髪を濃く描いたり，ヘアスタイルを意識して魅力的に描くなど，［強調された頭髪］は，性的関心，理性，自己愛，自己顕示，考えている内容への不安などを示しやすい。［空白のままの頭髪］は，意欲や活動性の低下，抑うつ気分を表しがちである。研究者の中にはこれが，去勢不安，性的不適応感を示すという人もいる。ヘアスタイルを全く考慮しないで雑に描かれた［乱れた頭髪の絵］は，統制力の弱さ，性衝動，社会規範の無視，男性性の誇示，女性性の軽視などを表しやすい。
　図5-17のような口ひげやあごひげなどの［ひげ］，時に［脇下の毛］は，男性的衝動，権力などを示し，他のサインとの関連によって，男性の力や活動力を求めたり，それが欠如する不安を表したりする。また，［丁寧にこぎれいに描いたひげ］は，性的欲求の抑制，自己愛を示しやすい。

14. あご

　あごは意志の強さを連想させる。えらが張ったり，突き出た形などで［強調されたあご］は，支配性，攻撃性，決断力，権力などを表し，描く人が無意識

に抱いている欲求であったりする。さらに横向きの顔に描かれた強調されたあご は，決断力に欠け弱小感を抱く人が，他者を支配したい欲求を示したりする。

他方，［小さく目立たないあご］は，無力感，不適切感を表したりする。なお男性が，男性像よりも大きく描かれた女性像に，あごを強調して描く場合は，女性への依存傾向や従属傾向を表す可能性もある。

15. 首

首は頭と胴を連結する部分であり，頭という統制力をもつ理性的領域と，胴という衝動的領域を結ぶ器官である。適度な大きさとバランスのとれた首は，衝動や感情を理性的に統制していることを表す。このことは，幼い子どもが，首のない人間を描く理由の1つともいえる。

［首を省略］したり，［長く細い首］を描く場合，理性と身体の分離，心理的未成熟，自己中心性，衝動統制力の欠如，劣等感，身体の虚弱感などを表しやすい。これに反して［短く太い首］は，知性よりも衝動に支配され，粗野で頑固なことを意味するといわれる。

前述のように衝動を適切に統制できない子どもが首を省略することは多いが，青年期を越えた人が首を描かないことはまれであり，知的な問題があったり，未成熟な心理状態であったり，自己愛的であったりする。また［首を省略した横向きの人物］は，身体衝動を適切に統制できないと感じていることを示しやすい。

16. のどぼとけ

人物画にのどぼとけを描く人は少ない。のどぼとけは，男性的でありたいという欲求を示したり，性的役割や能力に自信のない男性が描きやすい。

17. 腕

腕と手は，自己や外界に働きかけ，物事を操作し統制する器官である。ケ

ロッグ（Kellog, 1969）は，就学前の子どもが人物画に腕を描かないのは，未成熟でも描き忘れるのでもなく，腕のない人物画がバランスよく見えるからだと述べている。しかし就学後の子どもが腕を省略した人物を描くことは少ない。就学前の子どもを別にして，［腕を省略した絵］は，対人関係の回避，不適切感，なんらかの罪悪感などを表している。マッコーバー（Machover, 1949）によると，女性像の腕を描かない成人男性は，母親に拒絶されたと感じ，その結果，現在のまわりの女性にも受容されず，疎んじられていると感じることが多く，彼らは長い腕の男性像を描きやすいとのことである。

　人物画の腕については，腕が胴体から離れて外界に向かって伸びているか，胴体に密着しているか，両腕を組んでいるか，下げているか，隠しているかなどを検討することが必要である。適切な人間関係をもつ人は，腕が胴体から適度に離れ，柔軟な印象に描く。他方，腕が胴体から離れ，［水平に伸びた腕］（図1-4，図5-19参照）や［上にまっすぐ伸びた腕］は，子どもが描きやすく，成人の場合，未成熟な心理状態であったり，他者と円滑に交流できず，感情が伴わない浅い接触をしたり，他者からの支持を求めたりしやすい。また［垂直に胴体に密着した腕］は，防衛的態度，受動性，可塑性の乏しさを示している。［身体の前で組み合わせた腕］は，他者への警戒心や敵意，外界への拒否的態度，受動性，行動化の抑制などを表している。［身体の後ろに隠した腕］は，自己を表すことへの防衛的態度，不適切感，妥協性の欠如，敵意や自慰への罪悪感を象徴している可能性がある。

　また［細く弱々しい腕］や［単線の腕］は，身体の虚弱感，意欲の欠如，外界に働きかける能力の欠如，挫折感などを表している。これに対し［太く大きな腕］は，身体的能力へのあこがれ，優越欲求，積極性，攻撃性などに関連する。また［長い腕］も，身体的能力への欲求，達成欲求，自己顕示，攻撃性などを示しやすい。他方，［短い腕］は，無力感，達成欲求の欠如，引きこもり傾向，依存欲求を表しがちである。

18. 手

　手も腕と同じような事柄を象徴し，人物画で［手を最後に描いた］り，ある

いは［手を描かない］ことは，不適切感，無力感，引きこもり傾向，敵意や性衝動への罪悪感などを表しやすい。また，［薄く描かれた手］も，自信のないことを示しがちである。一方，［黒く濃く描かれた手］は，外界への怖れ，自慰・攻撃・盗みなど手を使う行動への罪悪感を表したりする。

また［腰にあてた手］は，自己愛傾向や，他者への支配欲求を，［性器に近いところに描かれた手］は，性的に接近したりされたりすることへの防衛，自慰への罪悪感を示しやすい。［ポケットに入れた手］［身体の後ろに隠した手］は，外界への対処に自信がなく，逃避的であったり，積極性を欠いたり，手を使う行動への罪悪感を表しやすい。

子どもは［大きい手］を描きがちで，弱さの補償や，外界を操作することへの関心を表すといえる。成人の場合も，社会的交流における無力感の補償，他者支配への欲求，積極的行動への欲求を示したりする。他方，［小さい手］や［単線で描かれた手］は，無力感，不安全感，心理的な退行に関連する。なお［手袋をした手］は，感情表現を避けたり，攻撃性を抑制していることを示している。

19. 指

指は外界の事物に直接ふれて操作する器官であり，攻撃やコミュニケーションや性に関連した意味をもちやすい。幼い子どもは図1-4に類似した形で，手の部分を省略して指を描くこともあるが，成人には見られない。子どもや知的障害者が時に描く［単線だけの指］は，退行した状態や，攻撃性を示しやすく，さらにこの指を丸く囲み，攻撃性の抑制を示すこともある。

図5-20のように［長く尖った指（とくに爪も描く時）］は，敵意や攻撃性を表しがちで，このような指が妄想を抱く人に多いという報告も見られる。しかし指と爪が強調された女性像は，性的関心と敵意との葛藤や，自己顕示を表すことも多い。

また［握りしめた指（握りこぶし）］も，敵意の表現，攻撃性の抑制などに関連し，［分化しないでグローブのように描いた指］（図5-18参照）も，同じような意味を表しやすい。図5-21のような［花弁のような指］は子ども

●図5-20　　　　　　　　　●図5-21

が描きやすく，成人が描いた場合は，不器用さ，退行した心理状態を示しやすい。

20. 脚（足）

　脚（足）は身体を支え，移動する機能をもち，パーソナリティの安定性や自律性を象徴している。さらに日常生活において，女性の脚（足）は注目されやすく，女性像の脚（足）の描かれ方は，描いた人の性への態度など性に関連した意味を示すことも多い。例えば，女性像の脚（足）を丁寧に描く男性は，性への関心を示したり，自分を女性に同一化していたりするし，女性の場合は，自分を強迫的に女性らしく表現したいと望んでいたりする。

　人の全身を描くようにという人物画の教示にもかかわらず，上半身だけを描いたり，［用紙の下方で下半身や足が切断されたりする絵］は，第2章5.で述べた「用紙の縁での切断」に該当する。これはまた［脚（足）の省略］でもあり，権威やテストへの反抗，洞察力の不足，自律性の欠如，外界の圧力で自主性が妨げられている思い，不満や敵意の抑制，依存性，抑うつ気分，性に関す

る不安（去勢不安や性的欲求の否認など）を表すとされている。

　また，［つま先で立った足］が，不満な現実からの逃避，現実に適応したい欲求，現実から飛躍したい欲求を表すとか，［足の向く方向が同じでない］のは，自律や独立への葛藤や両値的態度を示すなどという研究者もいる。さらに，［組み合わせた脚（足）］や［密着した脚（足）］が，心理的緊張，性についての葛藤，性的接近への防衛を示唆し，［大きさが左右で異なる脚（足）］は，不安定感，空想への逃避，自律や独立への両値的態度を意味するともいわれている。

21. 関節（膝と肘）

　図5-20（図5-19は薄く描かれている）のように，膝（や肘）に注目して関節が描かれることは少ない。身体の細かい領域である膝や肘の関節が描かれている絵は，身体の統合に関する不確実感，自信欠如，依存性，強迫傾向などとともに，攻撃性・敵意・支配欲求などの抑制を示唆したりする。

22. 足の指

　衣服を着けた人物画を描きながら，はだしの足が描かれることは少ないが，［はだし］は，性的関心や，社会規範への反抗を示しやすい。さらに人物画で［足の指］を描くことはめったに見られず，性への妄想的気分や攻撃性の抑圧や，社会規範からの逸脱を示したりする。

23. 胴

　幼い子どもが人物画を描き始める頃は，胴のない人物を描き，就学前の子どもは，三角形，矩形，円，楕円形の胴を描くこともある。成人が胴を描かなかったり，幾何学的な胴体を描くことはまれであり，そのような描画像は退行した心理状態や知的障害などに関連しがちである。統合失調症の患者が描いた図5-22のように，幾何学的で胴や顔が［ロボットのような人物画］は，外

●図5-22

界から統制されている感じや，離人傾向を示したりする。

　胴は身体的なエネルギーの源であり，描かれた［大きな胴］は，他者への心理的ないし身体的優越感を誇示したり，それへの欲求を示唆しやすい。反対に［小さい胴］は，身体的エネルギーの欠如や劣等感などを示している。

　一般に［丸みのある胴］は，受動性や女性的傾向に関連があり，［角張った胴］は，自己主張や男性的傾向に関連している。なお青年期の女性は細い胴体の女性像を描きやすく，自分の心身の弱さを現実像として表したり，望んでいない肥満を補償する理想像として描いたりもする。

　描く人が胴の特定部位に強い陰影をつけて強調したり，省略したりする時，その部位が象徴する対象への不安や葛藤を表すのは，他の部位の場合と同様である。

24. 肩

　肩は身体的な強さを表し，精神的な力と自己顕示の欲求を象徴する。衣服の肩のパットを大きく描いたり，肩の目立つレスラーを描くなど，［大きい肩］

を強調したり，［肩の部分をたびたび描き直す］人は，身体的・精神的な力への関心が強い。強調された肩は身体的な強さにあこがれたり，体型を誇示したり，時には外界への敵意を抱き，自己を防衛しようとする態度を示しがちである。なお他の人物画でもそうであるが，強調された肩が現実の自己像ではなく，自分の身体的弱さや男性としての自信の欠如，自分の性的役割に両値的感情をもつこともあり，それが現実像か理想像かはこの特徴（サイン）のみから断定はできない。

　女性像の肩を男性像の肩のように大きく強調して描くことは，ファッションとして肩の張ったドレスを描く以外には少ない。肩の張った女性像を描く女性は，無意識に女性性を否定し，男性より優位に立とうとする欲求を表したりする。

　通常，［バランスのとれた丸みのある肩］の絵は，円滑で可塑性のある人間関係を保ち，自分の力を適切に表現しているが，［小さい肩］の絵はなんらかの劣等感を抱きがちともいわれる。

25．乳房

　乳房は男性と女性を区別し，子どもを養育する器官でもあり，描いた人の性的関心や依存欲求を象徴する。

　1991年，筆者らは18歳以上の健常成人（男性200名，女性439名）の人物画を検討し，乳房明示群（多くのラインや陰影を用いて，輪郭やふくらみなどを明白に描く），乳房暗示群，乳房示唆群に分けた。これによると，乳房を明示した人は男性の8.5％，女性の8.0％であり，暗示した人は男性の18.0％と女性の12.5％であった。これらを参照にすると，［乳房を暗示］して描くことは，性愛への適度の関心，温かい人間関係，適度の依存性を示すと考えられる。他方，女性の裸体像を含み［乳房を明示］して描くことは，性的関心の強さ，過度の依存性を表すと推察される。なお，子どもが乳房を描くことは，依存欲求を表すことが多いが，性への好奇心や早熟性を示すこともある。

　また女性群で乳房を明示か暗示して描く人は，18歳が28.0％であり，21歳以上が12.0％であることから，18歳頃の女性が身体的成熟度に関心をもった

り, 性的役割を確立していく過程を示しているのかもしれない。したがって思春期の女性が, 乳房の暗示がなく, ウエストラインのくびれなどを無視した女性像を描く時, 女性として成熟していくことを望んでいない可能性もあり, 他のサインと比較検討することも必要である。

さらに描かれた［乳房が過度に大きかったり強調された場合］は, 過保護で支配的な母親によって育てられたり, 性的関心, 愛情や是認を求める口唇的依存性を示し, 女性が描く時はさらに, 自己愛傾向や, 支配的な母親への同一化を表したりする。

乳房という暗示もなく, ［あいまいなラインで描かれた乳房］は, 母親により拒否された経験や, 男性の対象者なら女性への敵意, 女性の対象者なら女性性の拒否を表す可能性もある。

26. 腰

腰は胴の上部（男性の身体的な力と女性の養育機能）と下部（性的機能）を連結する領域であり, その描き方は性衝動の統制に関連する。

腰がやや細い女性像を描くこと自体は, 男性の適切な性的関心, 女性の性的役割への同一化を表している。しかし腰の領域に注意を向けて, ［修飾したり, 強調］したり, 反対に［薄く弱い筆圧で描いた］り, ［破線で描いた］りすることは, 性衝動の統制に緊張や葛藤の存在を示しやすく, 性衝動の怖れ, 性的関心の偽装, 自己愛傾向などを表している。また描く人によっては, この緊張を間接的に合理化して表現するために［ベルト］を着けた人物を描き, ベルトに強い陰影をつけたり, 修飾して描いたりする。

27. 尻

人物画の尻の領域は, 肛門期への固着や性的な意味をもつと考えられている。したがって［男性像の尻の強調］は, 描く人が男性の場合, 心理的未成熟や同性愛傾向の可能性を, 女性の場合は, 女性性の否定や男性よりも優位に立とうとする欲求を表している。また［女性像の尻の強調］は, 描く人が男性の場合,

性的関心や同性愛傾向を，女性の場合，性的関心や自己愛傾向を表しやすい。

28．衣服

5.で述べたように人物画では通常，衣服を着けた人が描かれるが，過度に衣服の状態にこだわり，詳細に描かれることがある。これは本質よりも外見の装飾を重視し，社会的に認められようとし，外向的・社交的な傾向を表している。人物画では衣服の一部が象徴する意味が取り上げられているが，そのいくつかを次に述べる。

(1) ボタン

幼い子どもは衣服を着る時に母親がボタンのかけはずしをすることから，ボタンはへそや乳首を象徴すると考えられている。したがって人物画で，ボタンの数が多かったり，［大きいボタン］［装飾されたボタン］［形の変わったボタン］などが強調されて描かれるのは，依存性，心理的未成熟，無力感，不適切感を表しやすい。また成人がボタンを強調して描くことは，口唇期への固着や退行を意味し，子どもがボタンを強調して描くことは，母親への依存傾向の強さを示すことが多い。なお軍人やホテル従業員の制服のように，［数の多いボタン］は，権威への服従的態度を表し，依存の1つの型であるという研究者もいる。したがってボタンが強調された男性像は，権威像に服従し受容されることを望んでいる可能性がある。また袖口にあるカフスボタンなど，［目立たない部位のボタン］を描くことも依存性を示すが，形式を重んじる強迫傾向を表したりもする。

(2) ポケット

筆者らの調査では，男性と女性の衣服の違いもあり，女性像よりも男性像にポケットを描く人が多い。ポケットもボタンと同じように，幼児性，依存性を表し，とくに男性像のポケットの強調は，母親への依存と男性としての独立と葛藤を示すようである。研究者の中には，ポケットの強調が罪悪感，とくに自慰に関する罪悪感を表すという人もいる。

(3) ネクタイ

図5-23は，性的被害感をもつ非定型精神病の女性が描いた男性像である。このネクタイがあたかも男根に見えるように，ネクタイは男根を象徴し，性衝動に関連する意味をもっている。研究者によっては，小さくて目立たないネクタイが性的能力への劣等感を表すとか，長くて目立つネクタイが無力感を補償するような性的行動を取ることを表すなどという人もいる。

(4) 靴

シンデレラ物語に見られるように，靴は女性性を象徴している。靴の形や靴紐などの飾りを詳しく描く男性の場合は，女性への性的関心，女性への同一化を，女性の場合は，女性性への関心，自己愛，虚栄心などを表している。なお先の尖った靴は攻撃性を表すともいわれている。

(5) ズボンとスカート

ズボンとスカートは通常，性差を表す指標としてよく描かれる。男性性を表すズボンに描かれた［ベルト］は上半身と下半身を分ける部位であり，ベルト

● 図5-23

の強調は性衝動の統制を表している。また［バックル］の強調も，性衝動の統制や，バックルの表す対象への依存性を表したりする。さらにズボンの股上の［前立て］の部分を詳細に描くことは，性的関心が強い傾向を示すようであり，ズボンの前立てに斜線や陰影をつけ，性への関心と抑制との葛藤を示す。なおジーンズやパンツ姿の女性像を描く女性の中には，男女の性差に無関心であったり，男性に同一化しようとしたり，男性よりも優位に立とうとする欲求を示すこともある。

(6) 所持品とアクセサリー

男性像のパイプ・タバコ・ようじ・わら，時にキャンディなど［口にくわえた物］は，幼児的な依存性，口唇的性愛（口唇の快感に固着すること），自己顕示などを表し，銃・ピストル・ナイフなどの［武器］は，攻撃性を示し，ともに男性性や自己顕示を意味したりすることも多い。他方，女性像のネックレス・イヤリング・指輪などの［アクセサリー］は，性的関心の強さ，自己顕示を意味し，女性性を表すこともある。描かれた人物画の所持品は，描いた人の関心を表しがちであり，PDDにおいて話しあうことが大切である。

第6章　事　例

Case Studies

　心理臨床家はさまざまなメンタルヘルスの場，例えば精神科の病院やクリニックなどの医療施設，児童相談所や児童自立支援施設などの援助施設，少年鑑別所や刑務所などの矯正施設，家庭裁判所などの司法関係，大学から幼稚園に至る教育の領域などで活躍し，対象者へのカウンセリングや心理療法などの心理学的援助を行っている。そして心理学的援助の中で心理臨床家の職能として期待される働きに，心理学的援助に先立って行うパーソナリティ理解のための心理査定や，実施された心理学的援助の効果を測定するための心理テストの実施がある。

　第1章でも述べたが，単一の心理テストのみの目隠し分析から，対象者のパーソナリティ特徴を断定することはできないし，特定の病理状態と1対1の関係で対応する心理テストの特徴（pathognomonic sign）は存在しない。したがって筆者は，パーソナリティを詳細に検討する場合には，必要な情報に配慮しながら，適切と思われるテスト・バッテリーを構成している。

　例えば犯罪や非行の中には，その動機を理解しにくいものがあり，反社会的行動に至った理由を解明し，対象者の処遇方針を考えるために，起訴前や裁判の過程で精神科医に精神鑑定が依頼されることがある。この場合，精神科医が心理臨床家に心理テストから得られた情報を求めることが多い。これは精神科医が対象者との問診や観察から得た情報と，心理テストから得られた情報を総合して，パーソナリティの特徴を把握し，精神医学的診断を行って，処遇方針を決定するためである。こうした精神鑑定においては，対象者の理解にかなりの時間をかけられるので，テスト・バッテリーを構成する心理テストも多く行

うことができる。このような場合に，筆者は通常，ウェクスラー式知能検査，YG性格検査，MMPI，SCT（文章完成法テスト），TAT，ロールシャッハ・テスト，HTPPテストを用いているし，対象者によってクレペリン精神作業検査やベンダー・ゲシュタルト検査などを付加することもある。これは多くの心理テストから多面的な情報が得られることと，どのような心理テストであっても，その心理テストに期待される情報が，対象者に関係なく，いつでも十分に得られるとは限らないからである。なお筆者は，精神科の外来などで時間が限られている場合，上記の心理テストから適切な心理テストを選択し，3つ以上の心理テストでテスト・バッテリーを構成している。また子どもの相談などでは，面接とともに，知能テスト，HTPPテスト，ロールシャッハ・テストを通常のテスト・バッテリーとして用いている。

　本章では筆者が実施したHTPPテストのいくつかを事例として示すが，それに先立ちHTPPテストの解釈を行う時に注意すべきことを再度述べたい。

- 心理テストの結果を解釈するにあたっては，どのような状況でテストが行われたか，検査者と対象者との人間関係や，ラポールが形成されていたか，対象者がテストに協力していたかなどを考慮しなければならない。
- すべての心理テストには限界があり，既述のように，ある心理テストに期待される情報がすべて得られるとは限らない。これは検査者と対象者の間に，ラポールが形成されていないという最大の理由以外に，特定の心理テストから情報を読み取れる検査者の熟練度が影響したり，特定の心理テストへの対象者の相性とでもいえるものが存在するからであろう。HTPPテストでも，いい加減に描いたり，紋切り型に描いた絵などからは，きわめて限られた情報しか得られない。
- 実際の心理臨床場面において，描かれた絵の意味を解釈する時は，絵のみを取り上げて目隠し分析による推測を行うのではなく，描画後の対話（PDD）を参考にし，心理査定における他の情報源（面接，行動観察，生活記録，他の心理テスト，医学的検査など）からの情報と関連づけることも忘れてはならない。
- 描かれた絵の解釈にあたっては，絵の上手下手という美的判断をしないで，

描いた人の経験を追体験しようとする基本的態度をもち，絵の細かい点にとらわれない全体的評価が大切である。
・絵が図示する意味は多義的であり，描いた人が気づいている意味以外に，明確に気づいていなかったり，全く気づかず無意識に存在する意味を表現することもある。例えば，ある時点で描かれた絵の意味について，対象者が気づいていない意味を検査者が推測し，他の情報との関連で確からしいと判断できる場合がある。また時間が経過してから，対象者が「この絵を描いた時，気づかなかったが，今見て考えると……」などと話すこともある。
・形式分析や内容分析においては，描かれた絵で最も目立つ特徴（サイン）を取り上げ，その意味を考察するが，同じような意味をもつ他の特徴の有無，反対の意味を示す特徴の有無などに注意しながら，他の情報源からの情報と関連づけて考察しなければならない。
・HTPPテストの結果を依頼者にフィードバックする場合，依頼者の求める情報や事項に関連することを報告するが，対象者の問題点だけを述べるのではなく，適応している点や長所を取り上げることを忘れてはならない。なお心理テストで得られた情報を対象者自身にフィードバックする時は，対象者自身のメンタルヘルスを高めることを忘れてはならない。テストからの確実な情報であっても，対象者を傷つけるような情報の伝達は行うべきではなく，対象者自身が気づいていない情報の伝達などは，気づきかけているものだけを説明するように，慎重に行うべきである。

以下では筆者が実施したHTPPテストの中で，比較的特徴のある4事例の絵について，どのような情報が得られたかを簡単に説明する。描画テストの解釈過程で最も重要な全体的評価に熟練するためには，できるだけ多くの事例を眺め，目隠し分析を行い，その後に得られた情報を他の情報と比較することが有益である。なお本章の事例については，得られている他の情報は最小限にしてある。また描画の特徴（サイン）による解釈（読み取り）について断定的に述べた部分もあるが，目隠し分析であり，「……と思われる（考えられる，推論できる）」という推測であることに留意されたい。

1. 事例A

　事例Aは，理由もなく幼児数名（ほとんどが女児）を別々の日に凶器で殴打し，そのうちの1名を死亡させた30歳代の男性である。Aは大学卒業後，会社に勤め，転勤後，この暴行・殺人事件を引き起こした。会社でのAは，以前から同僚とのつきあいが少なく，上司の指示に従わなかったが，転勤後はそれがさらにひどくなったとのことである。心理テスト実施中のAは教示に従い協力的であり，検査者の話しかけに適切に応答していたが，自分から質問などをすることはなかった。

(1) 全体的評価

　4枚の絵はいずれも大きなサイズであるが，丁寧に，むらのない通常の筆圧で，豊かなエネルギーによって自己を表現しており，形式的，粗雑に描くこともなく，防衛を働かせないで真面目に描いている。しかし家屋画と樹木画は通常描かれない下から見上げた眺め（worm's eye view）であり，男性像もまれにしか描かれない裸体で，女性像も性的な特徴が強調されているように，4枚の絵を通じて何か不調和で奇妙な印象を受けた。Aのパーソナリティは十分に統合されず，適応した社会行動をとりにくいと思われる。

(2) 家屋画

　横に置かれた用紙にAが描いた家は，縦に長いビルという珍しい描き方であり，パースペクティブは，下から見上げた眺めで，8階建てのビルである（図6-1）。しかし通常の集合住宅ではなく，個人の住宅であることを示すように，表札は個人名で「〇〇（Aではない他の姓）家」と書かれている。塀で囲まれた門は閉じており，そこに敷石が描かれ，左側に見越しの松が描かれている。このパースペクティブは，Aが自分の家庭に満足できず，家族に拒否されていると思っていることを示し，敷石は他者との関係に距離をおくことを暗示し，閉じた門の塀は外界からの刺激を遮断し，自分の世界に生きようとすることを示唆するようである。これらからAが現実世界から離れ，自分の空想世界に引きこもっていると推察できる。さらに表札には，通常姓だけが書かれ

●図6−1

るが，この絵では，ビル（個人の家とすると奇妙である）の所有者として，「○○家」と，Aではない他者の姓と「家」の字が記入されている。家屋画で表札が描かれることは少なく，描かれた場合は事例Bのように本人の名前を記入することが多い。これらのことからAは空想世界に住んでいる可能性があり，まとめで述べるようにPDDでも話題にした。さらに見越しの松は通常，庭の塀近くに植え，外から見えるようにする装飾の木であるので，本来，Aは他者の注意を引きたいのかもしれない。家屋画のみから見る時，Aは現実を客観的に把握できず，一貫性のない思考をしており，精神的疾患の状態にある可能性を否定できない。

(3) 樹木画

描かれた木は，下方が太くなった大きいサイズのスギの大木であり，家屋画と同じように下から見上げた絵である（図6−2）。これはAが自己を拡大し他者の注目を得ようとする達成欲求を抱きながら，現在の環境になじめないことを示すようである。そして縦のラインが目立つ樹皮は，他者が自分の本心に近づかないように，自分を守ることを表している。このことは，外界に近づきたいと望みながら拒否されたという思いを示す4つの切り取られた枝からも推察できる。このように幹の枝を立体的に描いているAは知的能力を普通以上に有するだけでなく，幼少期からなんらかの心的外傷を経験し，温かい家庭環

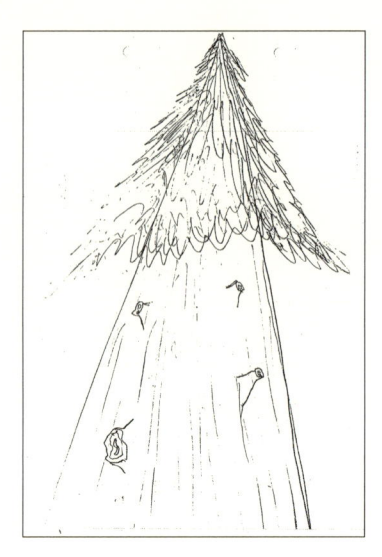

●図6-2

境に育っていないとの思いをもつのかもしれない。そして樹冠が鋭角に描かれていることを過度に解釈すれば、外界への敵意を示しており、木の下方が用紙の下縁で切断されていることは、Aが不安定な気持ちを抱き、それを解消したいと望むようである。

(4) 人物画（男性像）

人物画のはじめに描かれたのは裸体の男性像である（図6-3）。健康な心理状態の人が精神鑑定の場面で、しかも女性の検査者の目前において、真面目な態度で裸体を描くことは考えられない。これはAが社会規範（常識）を十分に意識しておらず、性的関心の抑制に失敗していることを示すが、性器を詳細ではなく簡略に描いていることは、抑制力を完全に失っていないことを表している。性的関心の強さは次の女性像にも見られるが、男性像の足指を描くこともそれを示唆している。またAはあごを鋭角に描き、肩や上半身の筋肉を強調することで、支配力を求め、自分の抱く力（能力）を誇示している。しかしそれが満たされないと感じているのか、握りしめた指（こぶし）を描いて外界への敵意や攻撃性の抑制を表している。男性像から見ると、Aの心理状態は全

●図6-3　　　　　　　　　　　●図6-4

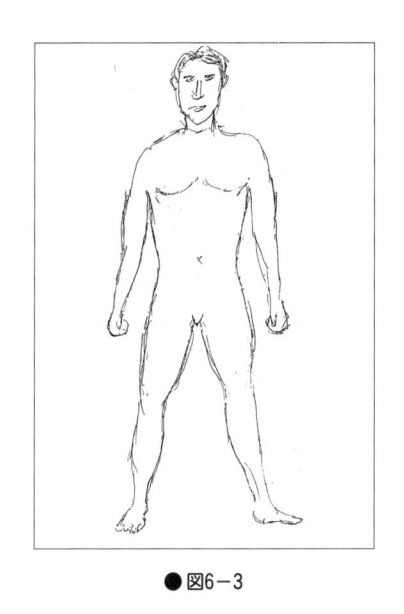

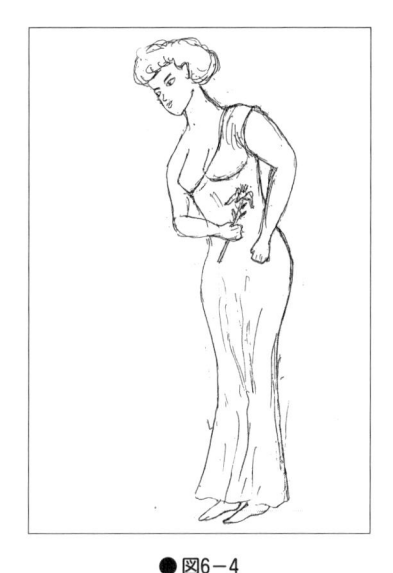

体として健康とはいえない。

(5) 人物画（女性像）

　Aは女性の検査者を意識したのか，裸体の男性像と異なり，一応，衣服を着けた女性像（図6-4）を描いた。このことからも，男性像で述べたようにAの統制力は完全には崩壊していないと思われるが，着ている服は通常の服ではなく，胸，乳房を強調して描き，ウエストラインや素足などの描き方は，Aが女性に強い性的関心をもつことを示している。とくに衣服を着た女性が靴を履かない姿で足指が描かれているのは，Aが社会規範をあまり配慮しないことや，Aの異性への性的関心の強さを表している。さらに男性像よりも女性像の目を明確に描き，花束を持っている姿を過度に解釈すれば，Aが男性よりも女性に親近感を抱いているといえる。

(6) まとめ

　HTPPテストの目隠し分析によれば，Aは高い資質を有しているにもかかわらず，やや奇妙な思考をしており，一貫した思考を維持できず，現実を客観的

に判断しないで，社会規範に合致した慣習的行動を取りにくい状態にある。

　本来，内向的で空想に耽りやすいAは，高い自尊心と自己顕示の欲求を抱きながら，他者に認められていないと感じ，外界への警戒心と敵意を強め，自己と外界との間に漠然とした違和感を感じているようである。Aはこうした敵意とともに女性への性的関心に動かされながらも，ある程度は社会規範に合致するように抑制し，他者が自分に近づかないように人間関係を避けている。しかし状況によってはこの抑制が失われやすく，常識からはずれた行動をきわめてとりやすい。

　Aの描いた家屋画についてPDDを行い，表札の名前について尋ねたところ，Aは「これは大学の同期生の○○の実家です。あいつは変わった男で7階建て（描いたのは8階建てである）の家に住んでいます。私はよく遊びに行ったものです」と真面目な口調で答えていた。この点に関しAと○○の住居について調査した結果，○○という人物は確かにAの同期生であり，Aが言う住所に当時から現在も生活しているが，実際の家は2階建ての和風住宅であり，表札には○○の姓名のみが記載されていることが判明し，Aがなんらかの妄想を抱いている可能性が明らかになった。

　なお参考のためにテスト・バッテリーのいくつかの心理テストの結果を簡単に述べると，HTPPテストの目隠し分析を補強するような結果が見られていた。ウェクスラー成人知能検査の知能水準は「普通の上」であり，MMPIのプロフィールコードは「68'341-257　5:22:13」であり，妄想を抱いたり，対人不信感，被害感情などを抱く可能性を示していた。そしてTATでは過度の空想化が見られ，健康な人が作る物語と著しく異なる物語や衒学的な物語が多く，論理が飛躍して，理解しにくく，思考奔逸の傾向が目立っていた。さらにロールシャッハ・テストには自閉的思考と統制力を失いやすい衝動性と，自我の統合を失っていく不安が示されていた（精神科医はAを統合失調症初期と診断している）。

2. 事例B

　事例Bは感情のもつれから興奮して妻を殺害し，死体を遺棄した30歳代の

男性である。これまで自動車運転手などをして，通常の社会生活を送ってきたBの動機が理解できないとの理由で，精神鑑定に至った事例である。勉強嫌いのBは中学卒業後工員として勤めていたが，やがてトラックの運転手をするようになった。勤務先の同僚によると，Bは真面目に仕事をしていたが，独善的な考えが目立ち，感情の起伏が激しかったそうである。精神科医の依頼があったので心理テストを実施することを筆者が話すと，Bはテストの目的，筆者と精神科医との関係，筆者の所属など，さまざまなことを尋ねたり，被害者のほうが悪かったなどと自分のことを話そうとし，テストには協力的であるが，きわめて多弁で，感情が高揚している様子が見られた。

(1) 全体的評価

Bの4枚の絵はAと同じようにいずれも大きなサイズであるが，筆圧にむらがあり，描き方が粗雑で，4枚の絵を通じて透明性と文字の記入が目立っていた。本書では事例を特定できないように図中の文字は抹消してあるが，家屋画の表札や男性像などに自分の名前を入れたり，描画像の部分の説明が記入され，描き方から見ても，何かに関心をもつと，それに固執するパーソナリティのようである。事例Aの不調和で奇妙な印象を与える絵と異なり，Bの絵は，Bが社会的規範を無視し，現在，心理的に退行して精神的疾患の水準にあり，通常の社会生活を送ることが困難な状態にあることを示している。

(2) 家屋画

Bは「理想の家を描きますよ」と言って，いろいろと説明しながら家屋を描いていった（図6-5）。家屋は正面から眺めた理想の自宅であり，本書ではプライバシーのために抹消してあるが，2枚の表札を描き，上の表札にBの姓名，下の表札に被害者を含む家族全員の名前を記入している。Bが被害者についてなんらかの思いを抱いているようである。しかし，扉のちょうつがいや閉じた窓や扉から，Bが外界への警戒心や猜疑心を抱き，自分のその思いを抑制している可能性もある。Aが描いたように表札を描いたり，描画像に不必要な文字を記入したりすることは，健常成人には比較的少なく，子どもや精神障害者には多く見られる。また描かれた家屋と庭の花のパースペクティブは車庫・自動

●図6-5

車・庭石・池などと異なり，正面からの向きと上からの描き方が混在し，自動車の進む前方を示すのに矢印を描いている。これらからは，おかれた状況全体を統合的に把握できず，思考も一貫性がなく思考奔逸の状態でありながら，自分が関心を抱くことに固執するBのパーソナリティの特徴が推察できる。このことは多数の敷石を機械的にほとんど同じサイズで描き続けていることや女性像のカーテンの留め金の描き方にも見られ，思いついて関心を抱いた行動を中止しにくい強迫傾向を示すようである。

(3) 樹木画

事例Bの樹木画（図6-6）は他の課題よりも簡略に描かれ，木の下方に「〇月〇日寒の入りの時の木」（既述のように抹消してある）と記入したBは，冬枯れの木を描いたことを示している。冬枯れの木は外界からの圧力を感じ，自分が他の大きな力に左右され受動的になっていることを図示的に表すことが多いが，Bが現在拘置され自由を失っている気持ちを表すのかもしれない。なおBが描いた木は明確な分離した幹（図4-14）ではないが，一見すると分離した幹のようにも見え，Bが理性と感情のバランスを失っていることや，自我防衛の力が弱まり，本来の強い衝動（根元が大きく描かれている）を統制できない状態であることを表している。また幹から出る枝を単線で描くのは，心理的に著しく退行し，無力感を抱き，外界との適切なコミュニケーションをとれ

●図6-6

ないことを示している。さらに用紙の下の端を地面とみなして描いた木は，Bが現在の不安定な心理状態を解消したいと，やや抑うつ的になっていることを表すのかもしれない。

(4) 人物画（女性像）

多くの人は人物画では同性像を描くが，事例Aと異なり，事例Bは異性像を最初に描き，他の特徴とともに，Bの性的関心の強さを示している（図6-7）。女性の検査者の前で，Aが裸体の男性像を描いたのに対し，Bは入浴中の裸体の女性像を描いた。このことからBは，Aよりも社会規範（常識）からの逸脱が大きいと思われる。ただBも入浴中の女性の裸体を描くことへの抑制が働き，カーテンを描いているがうまくいかず，透き通った描き方をしている。これは形式分析で述べたように，幼児や感情が高揚し注意を集中できない人や統合失調症の患者に生じやすい「透明性」の絵であり，Bの絵には女性像を透して，タライの反対側も描かれるなど各所で透明性が見られ，現実検討力が著しく低下していることがわかる。女性像の頭髪を丁寧に描くことも，Bの性的関心の強さを示すが，Bが自分の関心のある対象に，強迫的に固執する傾

●図6-7　　　　　　　　　●図6-8

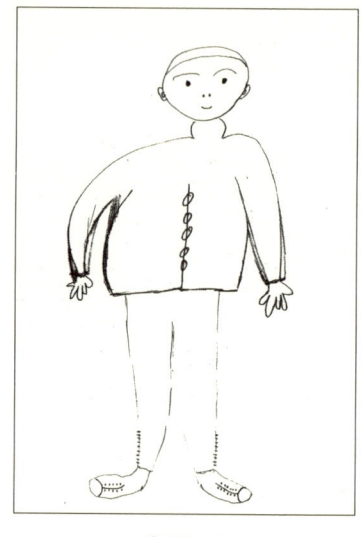

向を表している。また目を黒点で示すのは次の男性像にも見られ，外界を客観的に眺めていないことを示している。なおBは女性像にも，「○月○日ある庭あんどベランダで」の説明文のほか，「タライ」「セッケン」など，さまざまな文字を記入していて（ここでは抹消），感情が高揚し，抑制力を失ったBの心理状態を示唆している。

(5) 人物画（男性像）

　女性像として成人の女性を描いたにもかかわらず，Bが次に描いた男性像（図6-8）には，「○○中学校3年時の思い出の絵です」と自分の姓名を記入し，ズボンの下方に並ぶ黒点の横に「チャック」と記入している（ここでは抹消）。これらは他の描画像でも見られた，高揚した感情と抑制力の欠如とともに，関心が向けられたことへの強迫的な固執性を示し，男性像は明らかに自己像であり，心理的に退行した状態を図示している。黒点の目や鼻や，不ぞろいの指などいくつかの箇所は女性像と類似し，自閉的な思考をしている可能性を示している。また不ぞろいで花弁に似た形の指からは不器用さ以外に，Bの退行した心理状態を推測できる。さらにズボンを薄い筆圧で描き，上着は濃く強

い筆圧で描いている（腕に透明性が見られる）ことから，Bは成功しなくても，社会規範（常識）を配慮できる抑制力を一応維持しているのかもしれない。なおPDDで首の形についてBは，「男の首は太いし，声が変わるから」と話していた。

(6) まとめ

HTPPテストの目隠し分析によると，Bは心理的に退行し，不安定な情緒の表出が目立つ。現在，Bは感情が著しく高揚し，抑制力を失い，現実検討力も低下し，社会規範（常識）に合致した行動をとれない状態である。Bの欲求で目立つのは性的関心の強さであり，そのことが現在のBの行動を支配しているようである。それ以外にも自分が興味を抱いた対象に固執し，強迫的にその実現を求めて行動しやすい。すなわちBは強い衝動や感情を理性によって統制できず，日常生活ではただちに発散した行動に至るようだが，現在，拘置されていることで不安定な気持ちが強まり，不満感や無力感を抱いているようである。

なおBについてもテスト・バッテリーのいくつかの結果を簡単に述べる。ウェクスラー成人知能検査の知能水準は「普通の下」にあり，MMPIのプロフィールコードは「1569-207 8:6:16」であり，統制力が弱まると外向的で攻撃や敵意を伴う不適応行動になりやすいことを示していた。そしてSCTでは多くの人が自分に関連させて答えない項目にも，自分を中心に述べ，興味の関心が自己から離れないことを示し，とくに女性への関心が強いようで，「もし私が」に対し，「前におられるドクター女史と結婚ができましたら世界一幸福な男になります」と真面目な態度で記入する状態であった。さらにロールシャッハ・テストでも性反応が多く，社会規範から逸脱し，状況に応じて可塑的な思考ができないことを示していた。また慣習的思考は一応可能であるが，情緒刺激によって思考や感情が著しく動揺し，衝動的になりやすいことが見られた（精神科医はBを統合失調症初期と診断している）。

3. 事例C

　事例Cは大学3年生の21歳の男性である。3年生になった頃から，疲れやすく，のどに違和感を感じ，注意を集中できないので，近所の耳鼻科を受診したが異常なしとのことであった。しかしのどに何かが詰まっている不快さが続き，これまでと違って，学校で発表する時にのどの違和感が大きくなって声が詰まり，原稿をうまく読めず，友人からも「以前と変わって元気がなくなった。何かあったのか」と言われた。そこで今度は大きな病院の耳鼻科を受診したが，異常はなかった。しかし訴えが奇妙だからと神経科に紹介された事例である。精神科医は不安障害を疑い，パーソナリティを明らかにしたいと心理テストの実施を依頼してきた。面接時，元気のない印象のCは症状を詳しく話し，「話すと，のどが詰まるから，最近は友人とも会わないようにしている」と小声で訴えていた。心の状態や性格を知るために心理テストを実施することについて，Cは「自分の性格を知りたいから，ぜひしてください」と協力的な態度であった。

(1) 全体的評価

　筆圧は普通であるが，樹木画以外のサイズが小さく，用紙上の家屋と女性像の位置が偏っており，これらに象徴される対象への葛藤があるのかもしれない。事例Cの4枚の絵の中では，樹木画が最も個性的であり，無意識の自己像が表出されている可能性が大きい。全体としてCはやや警戒心が強く，抑うつ的で不安が強いようであるが，事例Aや事例Bの絵のような奇妙な特徴は見られない。

(2) 家屋画

　家は用紙の左寄りに，サイズはやや小さめに描かれていることから（図6-9），Cは現在の家庭よりも過去の家庭に愛着を抱いているのかもしれない。家の入り口となる扉がなく，壁の1つの面に窓を描くだけということから，Cは家族や友人との温かい精神的交流を感じていないようである。さらに目立つ雨どいは，外界への警戒心が強く，現在，自己防衛の気持ちが強いことを示す。

(3) 樹木画

　家屋画や人物画が小さめのサイズであるのに，樹木画のサイズは大きく，多くの枝が上方に伸びていることから（図6-10），Cは心の中に自尊心をもち，高い達成欲求を抱いているようである。また樹冠が左上方から右下方に傾斜し，

●図6-9

●図6-10

右下方の大枝の小枝や葉が他と異なり下方に向いていること（Cの現在の状態）が目立つ。これは幼少期など過去に女性的影響を強く受けたCが，成長した現在，男性世界にいると落ち着き，理性（知性）を重視し，現実的・積極的に行動しようとしているが，何かの理由でそれに失敗したことで混乱し，無力感を抱いているようである。このことは左下方の大枝の端が開放されており，母親などの女性性の影響を受け続けていることが示されている。Cは現在の現実的・男性的な世界に生きようとしながらも，空想や神秘的な対象にひかれている可能性がある。

　なお右下方の大枝自体が中途で膨れるなど形が整わないのは，Cの優柔不断な性質や考えすぎる傾向を示すようである。また幹から樹冠に移る多方向の枝が描かれているのは，Cが男性的興味と女性的興味など多方面に関心を抱き，それらへの潜在的な自信を有するからであろう。さらに大枝や小枝で形成され葉も描かれているのは，外界への関心とともに自己を飾り注目されたい欲求を抱いているようである。これに加えて小枝や葉を囲んだ輪郭線で樹冠を囲んでいる描き方は，Cの防衛的態度や慎重さを示している。なお地面の線を描かないことはとくに問題といえないが，人物画の位置など他の絵の特徴からも，現在のCは「自分の足が地についていない」という不安定感を感じているのかもしれない。

(4) 人物画（男性像）

　PDDで「自分と同じぐらいの年齢の男性」と答え，1本出ている頭髪について筆者が尋ねると，「時どき，こういうように頭髪が出ている人がいるでしょう。僕もくせ毛で」と言って自分の頭髪をなでるのは，Cが他者の些細なことに注目し，自分に関連づける傾向を表している。人物画は男性像・女性像ともに頭が大きく描かれ，理性（知性）を重視し，人間関係を大切にしていることがうかがえるが，胴に比べて大きすぎ，精神的に退行しているようである。また正面向きでなく，やや斜めを向いた顔で明らかに大きい耳や目は，現在のCが外界への猜疑心や警戒心を抱き，慎重になっていることを表している。なおのどが詰まるという訴えから，首の描き方を見ると，事例Bの（図6-8）ほうがのどが詰まることを象徴するが，事例Cの首も太く描かれ，知性を重

●図6-11   ●図6-12

んじるCが感情（欲求）に支配されている思いが強いことを表す可能性もある。さらに過度の解釈になるが，ズボンの左右の脚の分かれる部分の描き方から，性的なことについて不安を抱いているのかもしれない（図6-11）。

(5) 人物画（女性像）

PDDで「男の人と同じぐらいの年齢の女性」と答えた女性像（図6-12）は用紙の上方に，小さめのサイズで横向きに描かれている。過度に解釈すれば，女性像を横向きに描くのは女性への関心を抑圧しているとともに，女性がCを警戒し，Cとの人間関係を避けていると思っているのかもしれない。またCにとって女性の行動は不確実で，宙に浮いた存在であり，近づきにくいと思っているのであろう。

(6) まとめ

HTPPテストの目隠し分析から，理性（知性）を重視するCは，自尊心と達成欲求をもち，多くのことに関心を向けながらも，些細なことにとらわれ考えすぎる傾向が強く，現実的・積極的に行動しようとしながら，実行しにくい

ようである。現在のCは家族や友人との温かい人間関係を望みながらも，警戒心や猜疑心が強く，自分の足が地についていないという不安感と無力感を感じている。

　過度に解釈すれば，空想や神秘的な考えの強い子どもから成長し，現実的・積極的に行動するようになったCが，何かの出来事（家族関係や女性関係が疑われ，これについてはPDDよりもカウンセリング場面の話題とした）に直面し，感情が動揺し，理性で抑制できないことが悩みや不安となって，身体化したのかもしれない。

　なおCの知能検査は実施せず，YG性格検査とロールシャッハ・テストとHTPPテストを行った。YG性格検査はE'型（不安定不適応消極型の準型）であり，非活動的，非攻撃的，抑うつ的，気分の変化，劣等感などの特徴が示されている。ロールシャッハ・テストは内向型で良好な資質をもつが，些細なことにとらわれ，知性化の傾向が強く，自己愛傾向と自己顕示欲求が目立っていた。

4. 事例D

　事例Dは20歳の女性である。Dは大学に入学し，友人も多く，毎日を楽しみながら特別なこともなく通学していた。しかし2年生の5月半ばになり，胃腸の不調を訴えて学校を休み，医師の診察を受けたが，異常がないと言われた。すると胸部など他の箇所が痛むと訴えだし，他の医師のもとを訪れ，そこでも異常がないと診断された。しかし魂が抜けていく感じで疲れると訴えるようになり登校しないので，家族が心療内科に連れてきた事例である。Dは心理テストの実施に協力的であった。

(1) 全体的評価

　4枚の絵の筆圧は少し弱く，ややエネルギーを失っているようである。家屋画と樹木画に描かれた主題から，Dは最近，なんらかの心的外傷を経験し，現在の適応水準は低く，内に閉じこもり抑うつ的な状態にあることが示された。また人物画からは，外界への積極的関与を回避し，抑うつ的な感情を抑制して

いるが，外界への関心は有しており，著しく適応を失ってはいないことがうかがえる。また描き方などから推察して，Dは本来豊かなエネルギーと統制力を有するようである。

(2) 家屋画

主題が図3-7の「倉庫のような家」と類似し，Dは現在の家庭や自己像に空虚さや不満を感じていることがわかる。図6-13は図3-7と同じ構図であるが，輪郭線の一部が不連続（空白のある破線）であるのは，現在，外界に影響されているという無力感や自己不確実感を示すのかもしれない。描かれた家に窓はなく，扉が壁の基線より高く，Dが他者との接触を避けようとする傾向が強いことが示されている。しかし同時に，Dの絵には扉への階段（ステップ）が一応描かれ，外界への警戒心を抱きながらも，外界との関係を維持している。またPDDで図3-7を描いた人は「中には何もない倉庫のような家」と話すが，Dは「ビルみたいな家。この入り口から入ると，うちっぱなしのコンクリートだけ。人は住んでいない」と答えている。そこで「こういう家に住みたい？」と尋ねると「うん」とうなずき，この家が倉庫ではなく，完成すれば人が住むビルディングのような大きな家になることを伝えていた。

これらから過度に推察すれば，Dは外界とのトラブルによって外界への警戒心を抱き，家庭内に引きこもることで家庭に安らぎを求めるが，家族がそれを

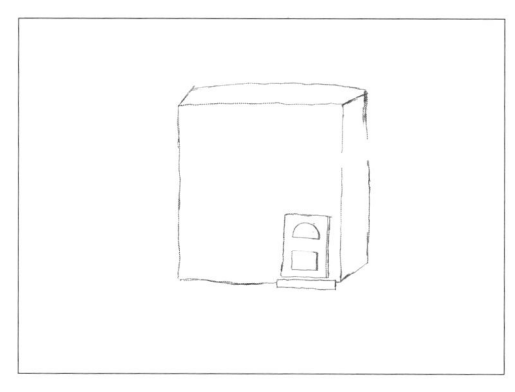

●図6-13

受容してくれず冷たいという不満をもち，無力感や自己不確実感が高まっていると思われる。あるいはDの現在の家庭環境に何か問題が生じ，冷たい雰囲気になっているのかもしれない。

(3) 樹木画

　Dが「落葉樹で，切られた木」と言って描いた木（図6-14）も，筆圧がやや弱く，幹の上部が切り取られ樹冠がないことがとくに目立つ。Dが明確に気づいていない自己像として，Dは自分の力ではどうすることもできない心的外傷を最近経験しているようであり，樹冠のないことはDが理性（知性）を失い，感情のままに動かされている状態を示している。しかし完全な枯れ木ではなく，ひこばえのように葉のある小枝や，すべての小枝が上方に伸びていることは，達成欲求や元の状態への回復力を有していることを暗示している。また教示に対し「根が地面に生えた木ですか」と尋ねたDは，根元が強調された木を描き，破線や陰影により奥行きのある地面を描いている。強調された根は，本来有しているエネルギー（衝動・欲求）が強いことを示し，修飾された地面は，根からの衝動が満たされない無力感や不安の存在（切り取られた幹の上

●図6-14

部）を他人に気づかれないように，現実との接触を維持しているようである。なお左側に伸びた目立つ根は，過去や母親への愛着が強いことを示し，右側がやや高くなった地面の線は，Dが未来への期待をもつことを表すのかもしれない。

　これらから過度に考えると，潜在能力やエネルギーが高く，達成欲求を有するDに，衝動（欲求）を妨げる出来事が最近生じ，自分の理性や能力では処理できない無力感や外界への不信感などの感情が生じたようである。またこの不安を他者に知られたくないDは，過去の出来事（母親への依存？）を想起し，現実との接触を維持しながらも，将来への希望を無意識に抱いているのであろう。

(4) 人物画（女性像）

　最初に描いた人物画は女性像であり（図6-15），PDDで「ショーか何かの踊り子さん。足にまめができて痛く，それを見ているの」と説明している。女性像の主題としてレオタードを身につけた絵は珍しく，自己愛が強く，他者の注目を得たい欲求が強いことを示している。また不安定な姿勢は，Dの現在の

●図6-15

●図6-16

不安定な心の状態を表している。なお描かれた人物画が男性像，女性像とも正面向きではないことから，Dが人間関係を回避したいと思っているのかもしれない。

(5) 人物画（男性像）

PDDで「年齢が18か19ぐらいの男の人。どこかのライブハウスに行って，ライブが終わり，道具を片付けているのを部屋の隅で，壁にもたれてぼんやり見ている人。おとなしくて，いつも空想している人のよう」と話していた（図6-16）。女性像と同じように，正面向きでない人物画は，Dが人間関係を回避しようとしていることを示し，影がかなり強調されているのは，現在の不安状態を表し，過度に解釈すれば，人物像の左側の影が自分の葛藤を処理できない不安を示しているともいえる。さらに壁に亀裂が入っているのは，家屋画で推察されるのと同じように，拠り所とする場所（家庭）が安全でない不安を示すのかもしれない。

2つの人物画から過度に推察すれば，自己愛の強いDが，最近経験したなんらかの心的外傷にとらわれ，人間関係を回避しようとしているようである。さらに自分を保護し安定させる場所がないと感じているのかもしれない。

(6) まとめ

HTPPテストの目隠し分析からは，もともと自己愛が強く達成欲求を抱き，他者を気にするDが，最近，なんらかの心的外傷（描画テストのみからは決定できないので，面接時の話題にすべきであろう）を経験し，無力感と外界への警戒心を強め，理性を失って感情に支配された状態になり，さらに自分を受容してくれる場所（人）がないという不安が高まっているようである。

なおDのウェクスラー成人知能検査による知能水準は「普通」域であり，ロールシャッハ・テストで目立つのは，自己愛傾向と愛情欲求や対人関心をもちながら，物事がうまくいかないという悲観的な考えにとらわれていることであった。

文 献
References

Ad de Vries. (1974). *Dictionary of symbols and imagery*. Amsterdam: North-Holland.
　（フリース, A. d. 山下主一郎（主幹）(1984). イメージ・シンボル事典　大修館書店）
Biedermann, H. (1989). *Knaurs Lexikon der Symbole*. München: Droemer Knaur.
　（ビーダーマン, H. 藤代幸一（監訳）(2000). 世界シンボル事典　八坂書房）
Bolander, K. (1977). *Assessing personality through tree drawing*. New York: Basic Books.
　（ボーランダー, K. 高橋依子（訳）(1999). 樹木画によるパーソナリティの理解　ナカニシヤ出版）
Buck, J. N. (1948). The H-T-P technique: A qualitative and quantitative scoring manual. *Journal of Clinical Psychology*, **4**, 317-396.
　（バック, J. N. 加藤孝正・荻野恒一（訳）(1982). HTP 診断法　新曜社）
Buck, J. N. (1966). *The House-Tree-Person technique: Revised manual*. LA: Western Psychological Services.
Buck, J. N., & Hammer, E. (Eds.) (1969). *Advances in the House-Tree-Person technique*. LA: Western Psychological Service.
Burns, R. C., & Kaufman, S. H. (1972). *Actions, styles and symbols in Kinetic Family Drawings*. New York: Brunner/Mazel.
　（バアンズ, R. C. カウフマン, S. H. 加藤孝正 他（訳）(1975). 子どもの家族画診断　黎明書房）
Dennis, W. (1966). *Group values through children's drawings*. New York: John Wiley & Sons.
Dennis, W., & Raskin, E. (1960). Further evidence concerning the effect of Hand-writing habit upon the location of drawing. *Journal of Consulting Psychology*, **24**, 548-549.
Di Leo, J. (1970). *Young children and their drawings*. New York: Brunner/Mazel.
Di Leo, J. (1973). *Children's drawings as diagnostic aids*. New York: Brunner/Mazel.
Gilbert, J. (1969). *Clinical psychological tests in psychiatric and medical practice*. Springfield, IL: Charles C. Thomas.
Goodenough, F. (1926). *Measurement of intelligence by drawings*. New York: World Book.
Hammer, E. (1958). The chromatic H-T-P, a deeper personality-tapping technique. In E. Hammer (Ed.), *The clinical application of projective drawings*. Springfiled, IL: Charles C Thomas. pp. 208-235.
Hammer, E. (1969). Hierachical organization of personality and the H-T-P, achromatic and chromatic. In J. Buck & E. Hammer (Eds.), *Advances in the House-Tree-Person technique*. LA: Western Psychological Service. pp. 1-35.
Harris, D. (1963). *Children's drawings as measures of intellectual maturity*. New York: Harcourt.

Harrower, M. (1950). The most unpleasant concept test. *Journal of Clinical Psychology*, **6**, 213-234.

Haworth, M., & Normington, C. (1961). A sexual differentiation scale for D-A-P test. *Journal of Projective Technique*, **25**, 441-450.

Hulse, W. (1952). Childhood conflict expressed through family drawing. *Jouranal of Projective Techniques*, **16**, 66-79.

Jolles, I. (1971). *A catalogue for the qualitative interpretation of the H-T-P.* (revised) LA: Western Psychological Srevices.

Kellog, R. (1969). *Analysing children's art*. Palo Alto, CA: Mayfield.

　　（ケロッグ, R. 深田尚彦（訳）（1971）. 児童画の発達過程　黎明書房）

小林重雄（編）（1989）. グッドイナフ人物画知能検査の臨床的利用　三京房

Koch, K. (1957). *Der Baumtest: Der Baumzeichenversuch als Psychodiagnostisches Hilfsmittel*. (3. Auflage). Bern: Hans Huber.

　　（コッホ, K. 岸本寛史・中島ナオミ・宮崎忠男（訳）（2010）. バウムテスト──心理的見立ての補助手段としてのバウム画研究──第3版　誠信書房）

Koppitz, E. M. (1968). *Psychological evaluation of children's Human Figure Drawings*. New York: Grune & Stratton.

　　（コピッツ, E. M. 古賀行義（監訳）（1971）. 子どもの人物画──その心理学的評価──建帛社）

小坂　茂（2004）. バウムテスト　ユニオンプレス

Levy, S. (1950). Figure Drawing as a projective test. In L. E. Abt & L. Bellak (Eds.), *Projective psychology: Clinical approaches to the total personality*. New York: Knopf. pp. 257-297.

Machover, K. (1949). *Personality projection in the Drawing of Human Figure*. Springfield IL: Charles C Thamas.

　　（マッコーバー, K. 深田尚彦（訳）（1974）. 人物画への性格投影　黎明書房）

McElhaney, M. (1969). *Clinical psychological assessment of the Human Figure Drawings*. Springfield, IL: Charles C Thomas.

Meyer, B., Brown, F., & Levine, A. (1955). Observations on the House-Tree-Person drawing test before and after surgery. *Psychosomatic Medicine*, **17**, 428-454.

Ogdon, D. (1975). *Psychodiagnostic and personality assessment*. 2nd ed. LA: Western Psychological Service.

Oster, G., & Gould, P. (1987). *Using drawings in assessment and therapy*. New York: Brunner/Mazel.

Schildkrout, M. S., Shenker, I. R., & Sonnenblick, M. (1972). *Human Figure Drawings in adolescence*. New York: Brunner/Mazel.

Schneidman, E. S. (1956). Some relationships between the Rorschach technique and other psychodiagnostic tests. In B. Klopfer et al. (Eds.), *Developments in Rorschach technique*. Vol.II. *Fields of application*. New York: World Book. pp. 595-642.

高橋雅春（1967）. 描画テスト診断法──HTPテスト──　文教書院

高橋雅春（1974）. 描画テスト入門──HTPテスト──　文教書院

高橋雅春（1985）．HTPPテスト　精神科MOOK　No.10
高橋雅春・高橋依子（1986）．樹木画テスト　文教書院（新装版は（2010）．北大路書房）
高橋雅春・高橋依子（1991）．人物画テスト　文教書院（新装版は（2010）．北大路書房）
高橋依子（2007a）．アセスメントとしての描画テスト　甲子園大学発達・臨床心理センター紀要，**2**，5-14．
高橋依子（2007b）．描画テストのPDIによるパーソナリティの理解——PDIからPDD——臨床描画研究，**22**，85-98．
Urban, W.（1963）．*The Draw-A-Person: Catalogue for interpretative analysis*. LA: Western Psychological Service.
Wenck, S.（1988）．*House-Tree-Person Drawings: An illustrated diagnostic handbook*. LA: Western Psychological Srevices.
Wolk, R.（1969）．Projective drawings（H-T-P-P）of aged people. In J. Buck & E. Hammer（Eds.）, *Advances in the House-Tree-Person technique: Variations and applications*. LA: Western Psychological Services. pp. 315-345.

索 引
Index

■あ
アーバン（Urban, W.）　97
雨戸　53

■う
ウエストライン　112
ウェンク（Wenck, S.）　55

■か
カーテン　53
外傷体験　74, 84
階段　40, 51
鍵穴　49, 51, 53, 62
風抜き　54

■き
客観テスト　1
教示　7

■く
空間象徴の図式　16
空間図式　16
空白の顔　98
草花　60
具体概念　19
グッドイナフ（Goodenough, F.）　3, 14
雲　85
グリュンヴァルト（Grünwald, M.）　16

■け
ケロッグ（Kellogg, R.）　105
言語的コミュニケーション　18, 19

■こ
口唇嗜虐　103
口唇的性愛　115
行動観察　9
小坂　茂　16
コッホ（Koch, K.）　8, 16, 68
小鼻　102
コピッツ（Koppitz, E. M.）　99
小窓　51
コミュニケーション　18

■さ
材木　67
サイン　22

■し
JNBテスト　3
自我強度　68
支柱　83
実施場所　7
質問紙法　4
写実画期　14
集団法　10
重要な人物　88
シュナイドマン（Schneidman, E.）　4
消極的強調　42
小動物　85
ジョルス（Jolles, I.）　35, 47, 53, 56
しわ　98, 99
心的外傷　66, 67, 69, 71, 76, 84, 99, 121
心理査定　1

■す
図式画期　14

図示的コミュニケーション　20
ストローク　31
巣箱　85

■せ
積極的強調　42

■そ
掻画期　13

■た
太陽　62, 85
高橋雅春　2, 6, 15, 17, 39, 42, 49, 58
多義（性・的）　6, 22, 39, 63, 87, 119
DAM（ダム）　3

■ち
知能指数　15
知能得点　15
乳房暗示群　111
乳房示唆群　111
乳房明示群　111
抽象概念　19
鳥瞰図　35
ちょうつがい　49, 51

■つ
通風口　54
月　85
翼状の手　14

■て
テスト・バッテリー　4, 5, 117, 118
デニス（Dennis, W.）　17, 88
電灯　34, 54

■と
投影　1
投映　1
投映法　1, 4

頭足人間　14
取っ手（ノブ）　49, 50, 53
DAP（ドロー－ア－パーソン）　3

■に
尿道性愛　56, 58

■の
ノーミントン（Normington, C.）　92
のき　58

■は
バウムテスト　8
はだし　109
バック（Buch, J. N.）　3, 8, 10, 11, 15, 41, 55, 68
バックル　115
ハマー（Hammer, E.）　3, 18, 19, 26, 53, 54
ハリス（Harris, D.）　3, 14
ハロア（Harrower, M.）　3
ハワース（Haworth, M.）　92

■ひ
PDI　5, 10, 11
PDD　5, 10
ひげ　104
非言語的コミュニケーション　19
鼻孔　102
描画像の図式　22
日除け　53

■ふ
フィードバック　119
風雨　85
武器　115
冬枯れの木　64, 66
プロフィールコード　124, 129

■へ
ベルト　112, 114

ベンダー・ゲシュタルト・テスト　2

ほ
棒状の絵（スティック画）　90
ボーランダー（Bolander, K.）　8, 11, 16, 68, 71, 77, 81, 82, 84
星　85

ま
前立て　115
マッコーバー（Machover, K.）　3, 37, 97, 106

み
見上げた眺め　35, 120
実のなる木　8

め
メイヤー（Meyer, B.）　6

目隠し分析　10, 28, 117, 118, 119

よ
用具　6
寄り目　99

ら
裸体　94, 122, 127
ラポール　7, 9

ろ
ログハウス　41

わ
ワーク（Wolk, R.）　6
ワルテッグ・テスト　2

［著者紹介］

高橋依子（たかはし よりこ）
京都市に生まれる
京都大学大学院文学研究科博士課程心理学専攻修了
現　在　大阪樟蔭女子大学名誉教授（文学博士，臨床心理士，公認心理師，描画療法士）
主　著　ロールシャッハ診断法Ⅰ・Ⅱ（共著）サイエンス社　1981年
　　　　幼児の心理療法（共著）　新曜社　1982年
　　　　臨床心理学序説（共著）　ナカニシヤ出版　1993年
　　　　樹木画によるパーソナリティの理解（訳）　ナカニシヤ出版　1999年
　　　　ロールシャッハ・テストによるパーソナリティの理解　金剛出版　2009年
　　　　スクールカウンセリングに活かす描画法（監修）　金子書房　2009年
　　　　描画療法入門（共編著）　誠信書房　2018年
　　　　統合的なカウンセリングと心理療法への招待（監訳）　北大路書房　2022年　他

描画テスト

2011年5月20日　初版第1刷発行	定価はカバーに表示
2024年12月20日　初版第7刷発行	してあります。

　　　　　　　著　者　　高橋　依子
　　　　　　発行所　　（株）北大路書房
　　　　〒603-8303　京都市北区紫野十二坊町12-8
　　　　　　　　電　話　（075）431-0361（代）
　　　　　　　ＦＡＸ　（075）431-9393
　　　　　　　振　替　01050-4-2083

Ⓒ2011　印刷・製本／亜細亜印刷㈱
検印省略　落丁・乱丁本はお取り替えいたします。

ISBN978-4-7628-2756-3　Printed in Japan

・ JCOPY 〈(社)出版者著作権管理機構　委託出版物〉
本書の無断複写は著作権法上での例外を除き禁じられています。
複写される場合は，そのつど事前に，(社)出版者著作権管理機構
（電話 03-5244-5088,FAX 03-5244-5089,e-mail: info@jcopy.or.jp）
の許諾を得てください。